T0209685

essentials

essentials liefern aktuelles Wissen in konzentrierter Form. Die Essenz dessen, worauf es als „State-of-the-Art" in der gegenwärtigen Fachdiskussion oder in der Praxis ankommt. *essentials* informieren schnell, unkompliziert und verständlich

- als Einführung in ein aktuelles Thema aus Ihrem Fachgebiet
- als Einstieg in ein für Sie noch unbekanntes Themenfeld
- als Einblick, um zum Thema mitreden zu können

Die Bücher in elektronischer und gedruckter Form bringen das Fachwissen von Springerautor*innen kompakt zur Darstellung. Sie sind besonders für die Nutzung als eBook auf Tablet-PCs, eBook-Readern und Smartphones geeignet. *essentials* sind Wissensbausteine aus den Wirtschafts-, Sozial- und Geisteswissenschaften, aus Technik und Naturwissenschaften sowie aus Medizin, Psychologie und Gesundheitsberufen. Von renommierten Autor*innen aller Springer-Verlagsmarken.

Weitere Bände in der Reihe http://www.springer.com/series/13088

Yorck von Borcke · Nicole Konnowski

eSport-Sponsoring

Erfolgsfaktoren –
Herausforderungen – Potenziale

Yorck von Borcke
Professor für Digitale Wirtschaft
Hochschule Fresenius
Hamburg, Deutschland

Nicole Konnowski
Professorin für Sportmanagement
Hochschule Fresenius
Hamburg, Deutschland

ISSN 2197-6708   ISSN 2197-6716 (electronic)
essentials
ISBN 978-3-658-33746-9   ISBN 978-3-658-33747-6 (eBook)
https://doi.org/10.1007/978-3-658-33747-6

Die Deutsche Nationalbibliothek verzeichnet diese Publikation in der Deutschen Nationalbibliografie; detaillierte bibliografische Daten sind im Internet über http://dnb.d-nb.de abrufbar.

Planung/Lektorat: Ann-Kristin Wiegmann
Springer Gabler ist ein Imprint der eingetragenen Gesellschaft Springer Fachmedien Wiesbaden GmbH und ist ein Teil von Springer Nature.
Die Anschrift der Gesellschaft ist: Abraham-Lincoln-Str. 46, 65189 Wiesbaden, Germany

Was Sie in diesem *essential* finden können

- Sie erfahren, warum das Sponsoring in der Unternehmenskommunikation immer bedeutender wird.
- Sie erhalten einen Überblick über Ziele, Merkmale, Kategorisierungen und den Planungsprozess des Sponsorings.
- Sie gewinnen einen Überblick über das Ökosystem eSport.
- Sie lernen unterschiedliche Disziplinen und Austragungsmodi des eSports kennen.
- Sie gewinnen einen Einblick über die Besonderheiten des eSports und dessen Zielgruppe.
- Sie entdecken den Einfluss der Corona-Pandemie auf den eSport.
- Sie erkennen den Unterschied zwischen traditionellem Sport und eSport und erfahren die daraus resultierenden Konsequenzen für das Sponsoring.

Inhaltsverzeichnis

1 Einleitung 1

2 Sponsoring und Sportsponsoring 5
  2.1 Sponsoring als Teil der Unternehmenspolitik 5
  2.2 Definitionen 6
  2.3 Ziele des Sportsponsorings 7
  2.4 Merkmale und Eigenschaften des Sponsorings 8
  2.5 Typen des Sponsorings 10
  2.6 Planungsprozess des Sponsorings 13

3 eSport 17
  3.1 Definition 18
  3.2 Ökosystem eSport 19
  3.3 Spiele, Organisation von Teams und Events 21
  3.4 Marktvolumen eSport 24
  3.5 Vergleich traditioneller Sport und eSport 26

4 Sponsoring im eSport 29
  4.1 Sponsoring im klassischen Sport im Vergleich zum
     eSport-Sponsoring 29
  4.2 Risiken und Herausforderungen des eSport-Sponsorings 31
  4.3 Potenziale & Erfolgsfaktoren des eSport-Sponsorings 33
  4.4 Handlungsempfehlungen 36

5 Beyond Sponsoring – Big Data Analytics und Künstliche
   Intelligenz im eSport 39

6 Zusammenfassung 43

Literatur 47

Über die Autoren

Prof. Dr. Yorck von Borcke

Hochschule Fresenius, Hamburg
Leiter Media School
Studiendekan Digitales Management (M.A.)
Studiendekan Medienmanagement & Digitales Marketing (B.A)
Professor für Digitale Wirtschaft

Prof. Dr. Nicole Konnowski

Hochschule Fresenius, Hamburg
Studiendekanin und Professorin für Sportmanagement
Kontakt
Hochschule Fresenius
Media School
Alte Rabenstraße 1
20148 Hamburg

Abkürzungsverzeichnis

CEO	Chief Executive Officer
DFL	Deutsche Fußball Liga
DSL	Digital Subscriber Line
DOSB	Deutscher Olympischer Sportbund
DotA	Defense of the Ancients
ESBD	eSport-Bund Deutschland e. V.
ESIC	Esports Integrity Commission
FIFA	Fédération Internationale de Football Association
IEM	Intel Extreme Masters
IeSF	International eSports Federation
ISDN	Integrated Services Digital Network
FPS	First-Person-Shooter
KPI´s	Key Performance Indicators
LAN	Local Area Network
LoL	League of Legends
LCS	Legends Championship Series
MOBAs	Multiplayer Online Battle Areas
MMORPG	Massive(ly) Multiplayer Online Role-Playing Games
MMO/MMOG	Massive(ly) Multiplayer Online Games
NBA	National Basketball Association
NFL	National Football League
RTS	Real-Time Strategy
PEST	Political/Economic/Social-Cultural/Technical
SWOT	Strengths – Weaknesses – Opportunities – Threats

Abbildungsverzeichnis

Abb. 1.1   Bedeutung des Sports in der Gesellschaft   2

Abb. 2.1   Übersicht über die Kommunikationsinstrumente   6

Abb. 2.2   Angestrebte Ziele des Sports-Sponsorings in Deutschland,
Österreich und der Schweiz im Jahr 2017   8

Abb. 3.1   Umsatz im eSports-Markt weltweit in den Jahren 2018
und 2019 und Prognose für 2020 und 2023 (in Millionen
US-Dollar)   24

Abb. 3.2   Umsatz mit eSports in Deutschland von 2013 bis 2019 und
Prognose bis 2024 (in Millionen Euro)   25

Abb. 4.1   Spezifikationen eSport Sponsoring   30

Das Sponsoring und besonders das Sportsponsoring hat in den letzten Jahren stark zugenommen. So konnte der globale Umsatz des weltweiten Sportsponsorings seit 2011 bis 2020 (Prognose) um 15 Mrd. US$ gesteigert werden (WARC 2020, zitiert nach statista). Aber warum ist der Sport als Unterform des Sponsorings im Gegensatz zu den anderen Unterformen des Sponsorings wie Kultur- oder Umwelt-Sponsoring bei den Unternehmen so beliebt? Der Sport hat in unserer Gesellschaft einen sehr großen Stellenwert. Er durchdringt alle Gesellschaftsbereiche (s. Abb. 1.1).

So hat der Sport eine *pädagogische* Funktion, indem er den Kindern und Jugendlichen Werte wie Fair Play vermittelt und sie lehrt, Regeln zu akzeptieren sowie sich in ein bestehendes System einzuordnen. Außerdem soll der Sport idealerweise offen für alle sein, unabhängig von der *sozialen* Schicht. *Politisch* gesehen kann der Sport dabei helfen, alle Gesellschaftsschichten zu integrieren und zur Völkerverständigung beizutragen. Der Sport hat weiterhin eine *ästhetische* Funktion, sei es, dass durch den Sport die Körper geformt werden oder der Sport selbst schön anzuschauen ist, wie z. B. beim Eiskunstlaufen oder Tanzen. Der Sport gleicht besonders in unseren bewegungsarmen Zeiten die Passivität aus und hat so eine wichtige *biologische* Funktion in Bezug auf die Gesunderhaltung. Für dieses Buch ist vor allem die **ökonomische Funktion des Sports** von Bedeutung. Durch die Professionalisierung und Kommerzialisierung des Freizeit- und Breitensports sowie des professionellen Sports ist die ökonomische Bedeutung enorm gestiegen und bietet hervorragende Voraussetzungen für das Sportsponsoring. Besonders attraktiv ist die Reichweite beliebter Sportspiele oder Sportevents. Bei einer Fußball WM mit deutscher Beteiligung werden beispielsweise bis zu 87 % Einschaltquote erreicht (Horky 2018). Deshalb ist das **(Sport-) Sponsoring ein beliebtes Kommunikationsmittel von Unternehmen,** um die bestehenden

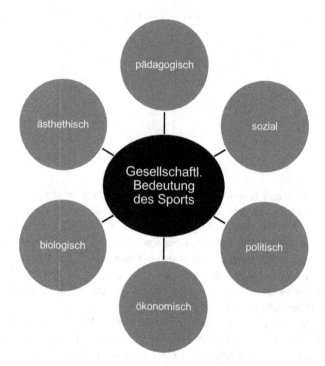

Abb. 1.1 Bedeutung des Sports in der Gesellschaft. (Eigene Darstellung)

und potenziellen Kunden im überwiegend privaten Umfeld zu kontaktieren. In diesem Prozess hat sich das Sponsoring stark professionalisiert. So wurden systematische Strukturen entwickelt, um das Sponsoring so effektiv wie möglich zu gestalten. Trotz dieser Maßnahmen ist der Erfolg des Sponsorings bislang nur schwer messbar (Fuchs 2017).

Das Investment der Unternehmen im Bereich Sportsponsoring wächst besonders im Fußball. Fußball ist eine beliebte Sportart mit langer Tradition. Für Unternehmen sind die Sponsoring-Kosten im Fußball jedoch kaum noch erschwinglich. Die Unternehmen sind daher sehr interessiert, Alternativen zum Fußball zu finden und engagieren sich zunehmend in der aufstrebenden **Trendsportart eSport.**

Doch welche Vorteile bietet eSport den Sponsoren gegenüber den klassischen Sportarten? Wo liegt der Unterschied zwischen eSport und den klassischen Sportarten? Was sind die Herausforderungen, Erfolgsfaktoren und Potenziale des eSport-Sponsorings? Welche Faktoren müssen bei einem Einstieg in das eSport-Sponsoring berücksichtigt werden?

Dieses Buch befasst sich mit der Faszination des elektronischen Sports und mit den Bemühungen von Unternehmen, sich in diesem Bereich des Sports mithilfe des Sponsorings erfolgreich zu positionieren. Ziel dieses Buches ist es, das Besondere des eSports aufzuzeigen und interessierte Unternehmen zu ermutigen, sich mit dem Thema eSport auseinanderzusetzen und sich gegebenenfalls in dieser Sportart durch ein Sponsoring zu engagieren.

Im Folgenden werden zunächst die Grundlagen des (Sport-) Sponsorings dargestellt. Anschließend werden die wirtschaftliche Entwicklung des eSports, die Strukturen des eSports und die Besonderheiten des eSports beschrieben. Zusätzlich fließen die Erkenntnisse aus Experteninterviews der von den Autoren betreuten Masterarbeit von Sascha Anthes (2019) in dieses Buch ein. Aus den theoretischen Grundlagen und durchgeführten Experteninterviews werden abschließend Schlussfolgerungen für ein erfolgreiches Sponsoring gezogen und Handlungsempfehlungen gegeben. Eine Diskussion um Big Data Analytics und künstliche Intelligenz im eSport rundet die Ausführungen ab und gibt einen Ausblick über zukünftige Datenauswertung und -Nutzung im eSport.

Sponsoring und Sportsponsoring

2

In diesem Kapitel werden die theoretischen Grundlagen des Sponsorings und des Sportsponsorings erklärt. Zunächst wird das Sponsoring als Teil der Unternehmenspolitik eingeordnet. Anschließend werden das Sponsoring und das Sportsponsoring definiert sowie die jeweiligen Merkmale herausgestellt. Die Typen des Sponsorings werden vorgestellt und der Planungsprozess eines Sponsorings erläutert.

2.1   Sponsoring als Teil der Unternehmenspolitik

In der Kommunikationspolitik ist das Sponsoring im Kommunikationsmix den „Nicht-klassischen Kommunikationsinstrumenten" zuzuordnen (s. Abb. 2.1).

Das Sponsoring bietet dem Unternehmen den Vorteil, die Zielgruppe in einem nichtkommerziellen Umfeld kontaktieren zu können. Das ist besonders nützlich, wenn die Zielgruppe klassischer Werbung kritisch gegenübersteht oder über die klassischen Kommunikationsinstrumente nicht zu erreichen ist, was besonders die jüngere Zielgruppe betrifft. Das Sponsoring genießt ein positives Image, da dem Sponsoring generell eine Förderabsicht zugeschrieben wird (Rennhak und Nufer 2008).

Das Sponsoring ist nur ein Baustein des Kommunikationsmixes. Es ist nicht isoliert zu betrachten, sondern entfaltet erst im Verbund mit den anderen Kommunikationsinstrumenten die beste Wirksamkeit. Es ist ein direktes Vertriebstool mit einer hohen Kontaktqualität zu der jeweiligen Zielgruppe (Nufer und Bühler 2013).

© Der/die Autor(en), exklusiv lizenziert durch Springer Fachmedien Wiesbaden GmbH, ein Teil von Springer Nature 2021
Y. von Borcke und N. Konnowski, *eSport-Sponsoring*, essentials,
https://doi.org/10.1007/978-3-658-33747-6_2

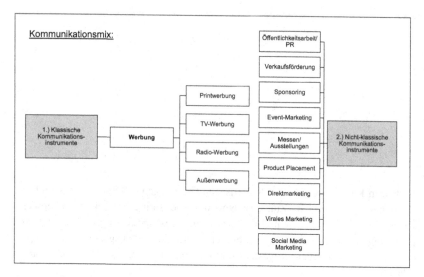

Abb. 2.1 Übersicht über die Kommunikationsinstrumente. (Quelle: Eigene Darstellung nach Nufer und Bühler 2013)

2.2   Definitionen

In der Literatur existieren unterschiedliche Definitionen von Sponsoring. Die in diesem Buch verwendete Definition bezieht sich auf die von Bruhn (2018):

▶ „Sponsoring bedeutet die Planung, Organisation, Durchführung und Kontrolle sämtlicher Aktivitäten, die mit der Bereitstellung von Geld, Sachmitteln oder Dienstleistungen durch Unternehmen und Institutionen zur Förderung von Personen und/oder Organisationen in den Bereichen Sport, Kultur, Soziales, Umwelt und/oder den Medien verbunden sind, um damit gleichzeitig Ziele der Unternehmenskommunikation zu erreichen."

Das Sportsponsoring stellt neben dem Sozio-Umweltsponsoring, Mediensponsoring und Kultursponsoring eine Unterform des allgemeinen Sponsorings dar. Im Zusammenhang mit dem eSport ist vor allem das Sportsponsoring von Bedeutung, da eSport viele Parallelen zum Sport aufweist. Die Diskussion, ob eSport Sport ist, wird sehr intensiv und kontrovers geführt. Ein eindeutiges Ergebnis steht zu diesem Punkt noch aus. In dem Abschn. 2.5 werden die Eigenschaften des eSports und die Gemeinsamkeiten bzw. Unterschiede mit dem traditionellen Sport beschrieben.

In diesem Buch wird die Definition für Sportsponsoring von Walzel und Schubert (2018) verwendet, die die Definition von Bruhn weiterentwickelt und angepasst haben.

▶„Sportsponsoring ist eine Partnerschaft zwischen Sponsor (Sponsoringgeber) und Gesponserten (Sponsoringnehmer). Zum beidseitigen Vorteil auf Basis einer vertraglichen Vereinbarung. Charakteristisch ist hierbei das Prinzip von Leistung und Gegenleistung. Der Sportsponsor strebt an, die besonderen, teilweise einzigartigen Werte und Eigenschaften des Sports sowie das große Interesse der Konsumenten am Sport für seine eigenen Marketing- und Kommunikationsziele zu nutzen. Für den Gesponserten ist Sportsponsoring ein wichtiges Beschaffungs- und Finanzierungsinstrument für das Erreichen sportlicher Ziele."

2.3   Ziele des Sportsponsorings

Wie der Definition des Sportsponsorings zu entnehmen ist, gehen der Sponsor und der Gesponserte eine Partnerschaft ein. Das Sportsponsoring unterstützt die Unternehmen bei der Erreichung folgender Unternehmens-Ziele:

Sponsoring-Ziele
- Imagetransfer
- Bekanntheitssteigerung
- B2B-Kontaktpflege
- B2C-Kundenbindung
- Absatz-/Umsatz
- Neue Zielgruppen
- Gesellschaftliche Verantwortung
- Kontaktpflege
- Produkt-Marketing (Bruhn 2018)

Von diesen Zielen ist besonders der Imagetransfer für die Sponsoren sehr interessant (vgl. Abb. 2.2) Der Sponsor verfolgt mit dem Sportsponsoring vor allem kommunikative und markenbildende Ziele (Adjouri und Stastny 2015).

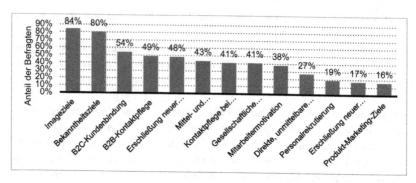

Abb. 2.2 Angestrebte Ziele des Sports-Sponsorings in Deutschland, Österreich und der Schweiz im Jahr 2017. (Quelle: Nielsen Sports, zitiert nach statista 2018)

Die Abbildung zeigt das Ergebnis einer Umfrage in den Ländern Deutschland, Österreich und der Schweiz. Es wurde nach den Zielen des Sportsponsorings gefragt. Mehrfachangaben waren hierbei möglich.

Das Ergebnis macht deutlich, dass beim Sportsponsoring nicht die unmittelbare Erhöhung der Umsatzziele im Vordergrund steht. Es geht im Sportsponsoring primär darum, ein gewisses Image zu transportieren und den Bekanntheitsgrad zu steigern. Kundenbindung und Kontaktpflege sind hierbei ebenfalls wichtige Ziele des Sponsorings.

Für den Gesponserten stellt das Sponsoring in Form von Geld- und/oder Sachleistungen vor allem eine Hilfeleistung dar, um die sportlichen Ziele zu erreichen. Auf diese Weise kann der Gesponserte sich auf seine sportlichen Aufgaben fokussieren. Der Gesponserte kann idealerweise von der guten Qualität der Produkte des Sponsors profitieren. Neben den finanziellen Vorteilen wie z. B. die Übernahme von Reisekosten oder Teilnahmegebühren, steigt auch die Attraktivität der jeweiligen Sportart. Die Partnerschaft mit einem Sponsor erhöht zudem die Resonanz bei Zuschauern und Medien (Walzel und Schubert 2018).

2.4 Merkmale und Eigenschaften des Sponsorings

Das Sponsoring ist von anderen Unterstützungsformen wie dem Mäzenatentum oder Spendenwesen abzugrenzen. Bruhn (2018) unterscheidet *sechs Merkmale* des Sponsorings:

Die sechs Merkmale des Sponsorings
1. Leistung und Gegenleistung
2. Fördergedanke
3. Kommunikative Funktionen
4. Systematischer Planungs- und Entscheidungsprozess
5. Imagetransfer
6. Baustein der integrierten Kommunikation

Eine elementare Eigenschaft ist die der *Leistung und Gegenleistung*. Die Beziehung zwischen dem Sponsor und Gesponserten beruht auf einem Verhältnis von Leistung und Gegenleistung. Der Sponsor unterstützt den Gesponserten mit den vereinbarten Fördermitteln. Im Gegenzug präsentiert der Gesponserte den Markennamen des Sponsors oder integriert ihn in die kommunikative Nutzung.

Ein weiteres Merkmal ist der *Fördergedanke*. Durch den Fördergedanken kann der Sponsor seinen „Goodwill" kommunikativ nach außen tragen, indem er zeigt, dass der sich auch inhaltlich mit dem Gesponserten identifizieren kann. Hermanns und Marwirtz (2008) merken an, dass dieser Punkt differenzierter betrachtet werden muss. Während im Freizeit- und Spitzensport sowie im (Hochleistungs-) Sport der Fördergedanke eine wichtige Rolle spielt, weicht er im professionellen Sport oftmals den finanziellen Interessen.

Aus Unternehmenssicht stellt das Sponsoring ein *Kommunikationsinstrument* dar. Die Leistung der Kommunikation wird vom Sponsor initiiert, vom Gesponserten erbracht und von den Medien transportiert.

Um die Erfolgschancen zu erhöhen, sollte dem Sponsoring zwingend ein *systematischer Planungs- und Entscheidungsprozess* vorausgehen. Dieser wird im Abschn. 1.6 genauer beschrieben.

Durch das Sponsoring kann ein *positiver Imagetransfer* gefördert werden. Der Imagetransfer ist kein „One-Way". Auch ein Imagetransfer des Sponsors auf den Gesponserten findet statt. Wie bereits erwähnt, stellt der Imagetransfer nicht nur ein wichtiges Merkmal, sondern auch ein wichtiges Ziel dar. Er entsteht, wenn ein Sportler sein positives Image nutzt und es auf die Marke eines Unternehmens transferiert. Empirische Studien bestätigen den positiven Effekt des Sponsorings auf das positive Image eines Unternehmens (Huber und Matthes 2007).

Das Sportsponsoring stellt einen *Baustein der Kommunikation* dar. Sponsoring ist aus Sicht des Sponsors nur ein Teil der Unternehmenskommunikation und muss auch als solche behandelt werden. Damit kann Sponsoring nicht nur isoliert betrachtet werden. Eine weitere Besonderheit des Sportsponsorings ist das private und kommerzielle Umfeld, in dem die Ansprache der Kunden erfolgt. Somit findet die Kommunikation des Sponsors in einem emotional angenehmen Umfeld statt, welches die Akzeptanz der werbenden Unternehmen positiv beeinflusst. Studien belegen, dass die Aufmerksamkeit und das Involvement im Sportsponsoring so hoch wie in keinem anderen Kommunikationskanal sind (Bruhn 2018).

2.5   Typen des Sponsorings

Die Typen des Sponsorings sind sehr vielfältig. Grundsätzlich kann zwischen der Perspektive des Sponsors und des Gesponserten unterschieden werden. Die nachfolgenden Einteilungen orientieren sich an denen von Bruhn (2018).

Aus der **Perspektive des Sponsors** können folgende Kategorisierungen vorgenommen werden:

Typen des Sponsorings
- Art des Sponsors
- Anzahl der Sponsoren
- Art der Sponsorenleistung
- Initiator des Sponsorings
- Vielfalt des Sponsorings
- Art der Nutzung

Bei der *Art des Sponsors* werden 3 Gruppen differenziert:

Leistungssponsoren: Darunter versteht man Unternehmen mit einem direkten Leistungsbezug zum Gesponserten. Dazu gehören beispielsweise Unternehmen wie Puma, die die Trikots oder Sportschuhe einer Fußballmannschaft sponsern.

Unternehmen als Sponsoren: Hier besteht kein Leistungsbezug zum Gesponserten. Die Unternehmen sind branchenfremd und nutzen das Sponsoring als reines Kommunikationsinstrument. Als Beispiel kann man einen Telefonanbieter als Sponsor einer Fußballmannschaft nennen.

Stiftungen als Sponsoren: Deren Aufgabe ist es, die Sportler oder Sportmannschaften finanziell zu fördern. Die Stiftungen können entweder branchenfremd oder unternehmenseigene Stiftungen sein, wie z. B. die Deutsche Sporthilfe.

Die *Anzahl der Sponsoren* bezieht sich auf die quantitative Anzahl der Sponsoren des Gesponserten. Unterstützt ein Haupt-Sponsor ein Sportevent (wie z. B. beim Golf oder Tennis), besitzt der Sponsor ein Exklusiv-Sponsoringrecht; unterstützen mehrere Sponsoren ein Event oder eine Mannschaft, spricht man von einem Co-Sponsorship.

Der Sponsor kann den Gesponserten mit unterschiedlichen *Arten von Sponsorenleistungen* unterstützen. Das können entweder Geld, Sachmittel (z. B. Ausrüstung), Fachwissen (z. B. Rechtsberatung) oder Dienstleistungen (z. B. Logistik) sein.

Ein *Initiator des Sponsorings* wird entweder als fremd-, oder eigeninitiativ definiert. Bei fremdinitiativem Sponsoring schließt sich der Sponsor bestehenden Sponsorships an, bei eigeninitiativem Sponsoring werden die Konzepte unternehmensintern entwickelt.

Bei der *Vielfalt des Sponsorings* wird zwischen konzentriertem oder differenziertem Sponsoring unterschieden. Beim konzentrierten Sponsoring wird der Sponsor immer nur in einer Branche tätig. Beim differenzierten Sponsoring wird er hingegen in zwei oder mehr Branchen tätig.

Die *Art der Nutzung* unterteilt sich in isoliertes oder integriertes Sponsoring. Das isolierte Sponsoring wird ohne weitere Kommunikationsinstrumente betrieben, wobei das integrierte Sponsoring im Verbund mit weiteren Kommunikationsinstrumenten eingesetzt wird (Bruhn 2018).

Aus der *Perspektive des Gesponserten* können Einteilungen nach folgenden Kriterien vorgenommen werden:

Perspektive des Gesponserten
- Art der gesponserten Individuen/Gruppen
- Leistungsklasse des Gesponserten
- Art der gesponserten Organisation
- Art der gesponserten Veranstaltung
- Art der Gegenleistung des Gesponserten

Die gesponserten Individuen oder Gruppen lassen sich je nach *Professionalisierung* in drei weitere Untergruppen aufteilen.

- Professionelle
- Halb Professionelle
- Amateure

Die *Professionellen* verdienen ihren Unterhalt ausschließlich mit ihrer sportlichen Tätigkeit. Durch das Sponsoring sollen weitere Einnahmequellen akquiriert werden. Die *Halb Professionelle* Personengruppe verdient einen Teil ihres Unterhalts mit ihrer sportlichen Tätigkeit. Sie ersuchen sich durch ein Sponsoren Engagement vor allem mehr Freiräume, um ihrer Tätigkeit nachgehen zu können. Die Personengruppe Amateure bezieht ihren Unterhalt durch einen anderen Beruf und versucht durch das Sponsoring alle oder nur einen Teil der Kosten des Sports zu decken.

Die *Leistungsklasse des Gesponserten* unterscheidet ebenfalls zwischen verschiedenen Ebenen:

- Breiten- oder Freizeitebene
- Leistungsebene
- Spitzenebene

In der *Breiten- oder Freizeitebene* ist der Sport als Hobby zu verstehen. Das Leistungsniveau ist dementsprechend gering. Innerhalb der *Leistungsebene* handelt es sich oft um Amateure, die allerdings ihre Wettbewerbe in einem professionellen Rahmen bestreiten. Die Halb- Professionellen Sportler befinden sich ebenfalls in dieser Leistungsebene. In der *Spitzenebene* befinden sich Sportler, die nationale oder internationale Höchstleistung erbringen und dadurch ihren Unterhalt finanzieren. Je nach Sportart können selbst Sportler aus der Spitzenebene teilweise nicht ihren kompletten Lebensunterhalt mit ihren sportlichen Leistungen finanzieren. Aufgrund dessen werden sie dann den Halb Professionellen Sportlern zugeordnet.

Eine weitere Kategorie ist die *Art der Organisation*. Besonders für Sportler, die in Gruppen organisiert sind, übernehmen in der Regel die Organisationen die Sponsorensuche. Diese Organisationen werden in verschiedene Kategorien eingeteilt:

- Verbände
- Vereine
- Stiftungen
- Öffentliche und gemeinnützige Organisationen

Als vorletzter Punkt gilt es die verschiedenen *Arten der gesponserten Veranstaltungen* zu benennen.

- Offizielle Veranstaltung
- Inoffizielle Veranstaltung
- Kreierung eigener Veranstaltung durch den Sponsor

Als *offizielle Veranstaltungen* gelten nationale oder internationale Sportveranstaltungen oder Kulturprogramme von offiziellen Organisationen. Eine *inoffizielle Veranstaltung* ist zum Beispiel ein Schaukampf im Boxen oder Tennis. Die *Kreierung eigener Veranstaltungen* durch den Sponsor kann sowohl offizieller als auch inoffizieller Natur sein, allerdings geht die Initiation vom Sponsor aus. Ein sehr gutes Beispiel für diese Kategorie stellt Red Bull dar, die Sportveranstaltungen eigens für die Vermarktung ihres Energydrinks organisieren.

Sponsoring beinhaltet immer eine *Gegenleistung des Gesponserten*. Der Sponsor erwartet als Gegenleistung direkte oder indirekte Werbung für sein Unternehmen, sein Produkt oder seine Dienstleistung. Diese Gegenleistung kann in folgender Form erbracht werden:

- Werbung während der Veranstaltung
- Trikotwerbung, Bandenwerbung, Werbevideos, etc.
- Nutzung von Prädikaten in der Marketing- und Unternehmenskommunikation
- Offizielle Prädikate (z. B. offizieller Ausstatter…), Titelsponsoring (z. B. Haspa-Marathon) oder Lizenzierung (z. B. Logo auf Verpackungen)
- Einsatz der Gesponserten in der Marketing- und Unternehmenskommunikation (Bruhn 2018)

2.6 Planungsprozess des Sponsorings

Ein sorgfältiger Planungsprozess ist für ein erfolgreiches Sportsponsoring unabdingbar. In der Literatur findet man unterschiedliche Prozesse, die sich geringfügig unterscheiden. In diesem Buch wird der Planungsprozess von Nufer und Bühler dargestellt (2013):

Planungsprozess Sportsponsoring
1. Situationsanalyse
2. Festlegung der Ziele
3. Bestimmung der Zielgruppen
4. Festlegung der Strategie

5. Budgetierung
6. Auswahl der Sponsorships
7. Entwicklung der Einzelmaßnahmen
8. Integration des Sponsorings in den Kommunikationsmix
9. Realisation
10. Kontrolle

Als erstes sollte eine *Situationsanalyse* erfolgen. Diese sollte sehr sorgfältig durchgeführt werden, da alle weiteren Schritte auf dieser Analyse aufbauen und Fehler fatale Folgen haben können. In diesem Schritt wird die interne und die externe Ausgangssituation des Unternehmens analysiert. Dazu können die bekannten Analysemethoden des Marketings Anwendung finden (SWOT-Analyse, Benchmark-Analyse, PEST-Analyse, etc.). Der Fokus sollte auf den sponsoringrelevanten Informationen liegen.

Es folgt anschließend die *Festlegung von Zielen*. Hier werden die Ziele der Unternehmenskommunikation in Bezug auf Inhalt, Ausmaß, Zeit und Segmentbezug festgelegt. Die Ziele des Sportsponsorings ordnen sich dabei den übergeordneten Zielen des Unternehmens unter. So trägt ein Imagegewinn und die Steigerung des Bekanntheitsgrades letztendlich zu dem übergeordneten Ziel der Umsatzsteigerung bei.

Der nachfolgende Schritt besteht in der *Bestimmung von Zielgruppen*. Die angesprochenen Zielgruppen des Sponsorings sollten mit der Zielgruppe des Unternehmens übereinstimmen. An dieser Stelle erfolgt eine ausführliche Beschreibung der Zielgruppe(n). Bei den Zielgruppen im Sportsponsoring wird zwischen den internen und externen Zielgruppen unterschieden. Zu der internen Zielgruppe gehören die derzeitigen Mitarbeiter, Anteilseigner und Investoren. Zu der externen Zielgruppe gehören zukünftige Mitarbeiter, Anteilseigner, Medienvertreter und Kunden. Wichtig ist es, die Zielgruppen detailliert in Bezug auf Sponsoring relevanten Charakteristika zu beschreiben.

Im Anschluss erfolgt die *Festlegung der Strategie*. Diese sollte langfristig geplant werden und legt die Schwerpunkte fest. An dieser Stelle können bereits Überlegungen bezüglich der Sportart in Betracht gezogen werden. Ziel ist es, eine Sponsoringform auszuwählen, die der zuvor festgelegten Zielerreichung dient.

Bei der *Budgetierung* wird der Kostenrahmen des Sportsponsorings festgesetzt. Es wird das gesamte Sponsoringbudget betrachtet und dessen Einsatz festgelegt.

Es muss eine Entscheidung fallen, ob das Gesamtbudget in einen Sponsoringmix oder in eine Sportart investiert werden soll (s. Abschn. 1.5). Dieser Aspekt verläuft idealerweise gleichzeitig mit der Entwicklung der Einzelmaßnahmen.

Schließlich erfolgt die Auswahl des konkreten *Sponsorships*. Bei der Auswahl sind mehrere Kriterien zu berücksichtigen: So ist besonders die Reichweite des Gesponserten von großer Bedeutung. Weitere Fragen sind: Wie sieht es mit der Medienpräsenz aus? Welches Image transportiert der potentielle Gesponserte in Bezug auf Professionalität und Seriosität? Welche weiteren Sponsoren gibt es? Welche Gegenleistungen sind für den Sponsor interessant? Welche Risiken gibt es?

Aus all diesen vorherigen Informationen erfolgt nun die *Entwicklung von Einzelmaßnahmen*. Die Details des Sponsorships werden definiert. Dazu gehört ein schriftlich ausgearbeiteter Sponsoringvertrag. Dieser Vertrag legt sowohl die Rechte als auch die Pflichten durch die Unterschrift aller Beteiligten fest.

Das Sportsponsoring wird nun in den *Kommunikationsmix integriert*. Wie bereits in 1.1 festgestellt wurde, stellt das Sponsoring einen Teil des Kommunikationsmixes dar. Hier muss eine Abstimmung mit den übrigen Kommunikationsinstrumenten erfolgen, um die bestmöglichen Resultate zu erzielen.

Bei der *Realisation* erfolgt die Umsetzung aller Aktivitäten entsprechend der im Sponsoringvertrag geltenden Bedingungen.

Ein Vergleich der Ist- und der Sollwerte der Sponsoringmaßnahmen erfolgt bei der Ergebniskontrolle. Hier werden sowohl ökonomische als auch psychologische Ziele berücksichtigt. Bei den ökonomischen Zielen steht die langfristige Umsatzsteigerung im Vordergrund, während bei den psychologischen Zielen die Markenbekanntheit und die Imageverbesserung Hauptziele darstellen. Aus den Ergebnissen dieser Kontrolle sollten mögliche Anpassungen für zukünftige Sponsoringmaßnahmen abgeleitet werden.

eSport

3

Dieser Abschnitt befasst sich mit der Thematik des eSports. Anfangs wird eine Definition vorgenommen sowie die Struktur und Organisation des eSports werden beschrieben. Anschließend werden die wirtschaftliche Bedeutung des eSports in Form des Marktvolumens sowie die Unterschiede zu den traditionellen Sportarten erläutert.

Der eSport hat in den letzten Jahrzehnten eine starke Entwicklung durchlaufen. Das erste Computerspiel wurde Anfang der 60er Jahre von Studenten an einer Hochschule entwickelt. Allerdings war dieses Spiel nur Hochschulangehörigen zugänglich und wurde somit nicht kommerziell genutzt. 1966 wurde die erste Spielekonsole entwickelt. Besonders Atari und Nintendo sind bei der Einführung und Weiterentwicklung der Spielkonsolen als Marktführer zu nennen. Neben den Spielkonsolen waren in den 80er Jahren vor allem Münzautomaten sehr beliebt. Es war bereits zu dieser Zeit möglich, gegen andere Spieler anzutreten. Von dieser Möglichkeit wurde jedoch nur selten Gebrauch gemacht (Görlich und Breuer 2020).

In den 90er Jahren gewannen die Videospiele weiter an Popularität. Spieler treten nun auch zunehmend gegeneinander an. Immer mehr Haushalte verfügen über einen Internetzugang, zunächst über ein Modem, dann über einen ISDN-Anschluss. Typisch für die 90er Jahre waren die sogenannten LAN-Partys, bei denen jeder seinen Computer mitbrachte, um zusammen oder gegeneinander zu spielen (Ackermann 2011).

In den 2000er Jahren konnte der eSport einen Boom verzeichnen, nationale und internationale Verbände wurden gegründet, und die ersten Ligen etabliert. Es fand eine zunehmende Strukturierung und Professionalisierung des eSports statt. Dieser Trend konnte ab 2010 fortgeführt werden. Durch die Einführung des

DSL-Anschlusses und den damit verbundenen günstigen und schnellen Internet-
zugängen stieg sowohl die Quantität als auch die Qualität der Spiele. Der eSport
erreichte so erstmals ein breites Publikum, obwohl der eSport in den klassischen
Medien wie TV und Zeitschriften so gut wie gar nicht präsent war. Stattdessen
startete die Live-Streaming Plattform Twitch, die ausschließlich eSport über-
trägt. Des Weiteren begannen einige Fußball-Clubs, eSport als zusätzliche Sparte
im Verein zu integrieren, wie z. B. FC Schalke 04. Durch die Gründung des
eSport-Bundes Deutschland (ESBD) würde der eSport weiter professionalisiert.
Ein Spitzenverband ist eine von mehreren Voraussetzungen, um vom DOSB als
Sportart anerkannt zu werden (Görlich und Breuer 2020).

3.1 Definition

Bereits bei der Bezeichnung des eSports werden in Fachbüchern und wissen-
schaftlichen Artikeln unterschiedliche Begriffe und Schreibweisen verwendet. Der
elektronische Sport wird „eSports", „eGaming", Esport oder „eSport" benannt. In
diesem Buch wird der letztgenannte Begriff „eSport" für die Bezeichnung des
elektronischen Sports verwendet.

Es gibt verschiedene Definitionen des eSports. Da sich dieses Buch vor allem
an deutschsprachige Leser richtet, wird die offizielle Definition des zuständigen
Verbandes verwendet. Der eSport-Bund Deutschland (ESBD 2018) hat eSport wie
folgend definiert:

▶ „eSport ist der unmittelbare Wettkampf zwischen menschlichen Spieler/innen
unter Nutzung von geeigneten Video- und Computerspielen an verschiedenen
Geräten und auf digitalen Plattformen unter festgelegten Regeln. Der Vergleich
der sportlichen Leistung im eSport bestimmt sich aus dem Zusammenwirken
einer zielgerichteten Bedienung der Eingabegeräte in direkter Reaktion auf den
dargestellten Spielablauf bei gleichzeitiger taktischer Beherrschung des übergrei-
fenden Spielgeschehens. Bezugsobjekt der sportlichen Tätigkeit sind Videospiele,
die in ihrem Aufbau und ihrer Wirkungsweise den Anforderungen an die sportliche Leistungsermittlung genügen, den Spielerfolg nicht überwiegend dem Zufall
überlassen und einen reproduzierbaren Spielrahmen zum Vergleich der Leistung
zwischen den Spieler/innen bieten."

Dieser Definition ist eindeutig ein sportlicher, wettbewerbsfähiger Charakter zu
entnehmen. Der ESBD macht eine klare Abgrenzung zwischen Gaming und

eSport deutlich. So ist laut ESBD eSport ein Teilgebiet des Gamings, welches den sportlichen Leistungsvergleich als Kern hat (ESBD 2018).

Derzeit ist eSport in Deutschland im Gegensatz zu Ländern wie den USA und China nicht als offizielle Sportart anerkannt. In Deutschland entscheidet der Deutsche Olympische Sportbund (DOSB) als Dachverband über die Anerkennung einer Sportart. Für eine Sportart ist die Anerkennung insofern interessant, da mit der Anerkennung auch Vorteile wie Fördermittel und die Gemeinnützigkeit verbunden sind. Im internationalen Spitzensport kommen auch Einreiseerleichterungen wie Visafreiheit hinzu. Derzeit gibt es in Deutschland zumindest ein eSport-Visum, das internationalen Profisportlern die Einreise erleichtert (ESBD 2020a). Zudem gibt es einige vereinzelte Städte, die dem eSport indirekt die Gemeinnützigkeit aussprachen, indem sie eine Jugendförderung anerkennen (Kräusche 2019). Der Koalitionsvertrag der aktuell regierenden großen Koalition zwischen der SPD und der CDU/CSU hat die Unterstützung des eSports als Sportart angekündigt (Bundesregierung 2018). Inwieweit diese Absichtsbekundung eingehalten wird, bleibt abzuwarten.

3.2 Ökosystem eSport

Im eSport bestimmen mehrere Stakeholder bzw. Akteure den Markt.

Stakeholder des eSports
- Publisher
- Sponsoren
- Akteure
- Events
- Ligen
- eSport-Fans
- Medien
- Verbände

Die *Publisher* entwickeln und veröffentlichen die jeweiligen Spiele. Sie sind Eigentümer der Spiele und legen die Spielregeln fest. Teilweise fungieren sie auch als Ligen- und Eventveranstalter. Zum Teil treten sie auch als Sponsor auf. Durch diese vielen Funktionen in Schlüsselpositionen haben die Publisher einen sehr großen Einfluss auf das gesamte eSport- System (Heinz und Ströh 2017).

Außerdem gibt es die *Sponsoren*, welche mit finanziellen Mitteln, Sachleistungen oder Dienstleistungen Werbefläche erwerben. Sie können entweder das Event, den Spieler, das Team oder die Liga an sich sponsern (s. Abschn. 1.5).

Als nächstes gibt es die aktiven *Akteure* des eSports. Sie setzen sich aus den einzelnen *Spielern* und *Teams,* im eSport auch Clans oder Clubs genannt, zusammen. Diese Spieler und Clubs treten im sportlichen Wettbewerb gegeneinander an. Sie treten als Gesponserte auf. Besonders im professionellen Bereich dominieren die Männer, aber die Frauen gewinnen zunehmend an Anteil. Die Clans oder eSports-Clubs können in 3 Kategorien eingeteilt werden:

- Freizeitclubs, in denen vor allem das gesellschaftliche Miteinander im Vordergrund steht,
- Semiprofessionelle Klubs, in denen der sportliche Erfolg zum Teil im Fokus steht und schließlich die
- Professionellen Klubs, die ausschließlich den Fokus auf den sportlichen Erfolg gerichtet haben.

Viele Klubs haben keinen regionalen Bezug, da ihr Ursprung in der virtuellen Welt liegt und der Ort bei onlinebasierten Games keine Rolle spielt. Dennoch ist z. T. ein Trend zu Städte-Teams erkennbar. Außerdem integrieren auch traditionelle Sport-Klubs den eSport in die Vereine, wie z. B. FC Schalke 04. Gerade Letzteres ist für den eSport für die Akzeptanz und Reichweite von Bedeutung (Heinz und Ströh 2017).

Ein weiterer Stakeholder sind *Events*, beziehungsweise die Eventveranstalter. Ähnlich wie bei anderen großen Sportevents sind diese kaum ohne Sponsoring zu finanzieren. Dementsprechend kann hier ein Sponsor Werbeflächen erwerben.

Die Spiele der Teams sind in *Ligen* organisiert. Diese haben oft verschiedene Ursprünge. Entweder veranstaltet der Publisher selbst eine Liga oder die Eventveranstalter rufen eine Turnierserie ins Leben. In seltenen Fällen gibt es auch unabhängige Ligen-Veranstalter (ESBD 2020b).

In dem Zusammenhang mit Sponsoring sind vor allem die *eSport-Fans* von Interesse. Zunächst wurde davon ausgegangen, dass die eSport-Fans ausschließlich selbst aktive Spieler seien. Das hat sich inzwischen verändert. Inzwischen geht man von ca. 40 % passiven Zuschauern aus, die selbst nicht (mehr) aktiv spielen. Außerdem ist ein Großteil der Zuschauer Vollzeit berufstätig, was die eSport-Konsumenten als Zielgruppe aufgrund der Kaufkraft für Unternehmen sehr interessant macht. Fans können entweder Anhänger von Spielen, Teams oder Einzelspielern sein (Newzoo 2020b).

Über die *Medien* werden die Konsumenten, also die Zuschauer erreicht. Wichtigstes Medium ist das Internet mit den entsprechenden Streamingdiensten. Besonders wichtig ist eine mögliche Interaktion der Zuschauer untereinander oder mit den Kommentatoren. Das Online-Streaming hat außerdem den Vorteil, dass es überall auf der Welt verfügbar ist, sofern ein Internetzugang gegeben ist. Daher spielen die etablierten Medien eher eine untergeordnete Rolle. eSport im TV wird in Asien vertreten, in westlichen Ländern konnte sich der eSport noch nicht richtig durchsetzen, obwohl auch hierzulande das Interesse wächst. TV-Übertragungen würden dem eSport insofern nützen, da auf diese Weise neue Interessenten gewonnen werden könnten, die noch nicht auf den Online-Plattformen verkehren. Eine Präsenz im Free-TV kann die Mainstream-Entwicklung einer Sportart stark unterstützen (Heinz und Ströh 2017).

Im eSport wurden besonders seit dem Jahre 2000 nationale und internationale *Verbände* gegründet. Der wichtigste ist die International eSports Federation (IeSF). Dieser wurde im Jahr 2008 von 8 Nationen gegründet. In Deutschland ist der *eSport-Bund Deutschland e. V.* (ESBD) maßgebend, der im Jahre 2017 durch den Zusammenschluss zweier anderen nationalen Verbände gegründet wurde (Heinz und Ströh 2017).

Zu dessen *Aufgaben* gehören laut Satzung:

- Förderung des eSports
- Gedankenaustausch
- Interessensaustausch aller Stakeholder
- die Koordination von Ligen
- Nachwuchs und Talentförderung
- Sowie die Vermittlung von Werten mit und durch eSport (ESBD 2020c)

3.3   Spiele, Organisation von Teams und Events

Wie in dem traditionellen Sport, gibt es auch im eSport *unterschiedliche Disziplinen*. Görlich und Breuer (2020) unterscheiden folgende Kategorien:

- *Fighting Games* oder Kampfs- oder Actionspiel, in denen 2 Spieler über mehrere Runden gegeneinander antreten. Beispiele sind Street Fighter und Mortal Combat.

- *Sportsimulationen* sind ebenfalls sehr beliebt. Vertreter dieses Genres sind FIFA oder NBA. Diese Spiele werden teilweise jährlich aktualisiert.
- *Autorennen* sind ein eigenes Genre. Nur einige Spiele können sich auch zu den Sportsimulationen gezählt werden. Beliebte Spiele dieser Kategorie sind Need for Speed, Gran Turismo oder NASCAR
- *Echtzeit-Strategiespiele* werden als RTS abgekürzt: Real-Time Strategy Games. Hierbei müssen zwei oder mehrere Spieler strategisch Armeen aufbauen, gegeneinander kämpfen und Angriffe abwehren.
- Ein weiteres beliebtes Genre sind *Ego-Shooter* oder *First-Person-Shooter (FPS)*. Hier nehmen die Spieler die Perspektive eines Avatars ein. Counterstrike zählt hier zu den bekanntesten Spielen.
- *Massive(ly) Multiplayer Online Role-Playing Games (MMORPG)*. Ein Beispiel für diese Kategorie ist Defense oft the Ancients (DotA). Voraussetzung für diese Art Spiele war die technische Weiterentwicklung, da diese Spiele ausschließlich über das Internet gespielt werden.
- Weiterhin gibt es die *Massive(ly) Multiplayer Online Games (MMO oder MMOG)*. Sie stellen eine Variante der MMORPGs dar und beinhalten keine Rollenspiele. Ein bekanntes Spiel ist World of Tanks.
- *MOBAs* oder *Multiplayer Online Battle Areas* sind Action-RTS (League of Legends). Bei diesem Spiel treten Teams gegeneinander an. Unterschied zu anderen Spielen ist, dass die Aufbausimulation entfällt.
- Beim Battle Royal treten bis zu 100 Einzelspieler gegeneinander an. Der Spielbereich wird immer weiter verkleinert, sodass zuletzt nur noch 1 Spieler übrigbleibt (Fortnite).
- Als letztes sind die Sammelkartenspiele zu erwähnen, in denen zwei Einzelspieler gegeneinander spielen (z. B. Hearthstone). Es ist ein professionelles Kartenspiel über mehrere Runden. Es werden auch Weltmeisterschaften darin ausgetragen.

So vielseitig die eSport-Disziplinen sind, so unterschiedlich sind auch die Austragungsmodi. Jeder eSport Titel hat seine eigene interne Organisation und unterscheidet sich damit ein wenig.

Die Turniere/Ligen/Wettkämpfe sind entweder von dem Publisher selbst oder von einem dritten Unternehmen organisiert. Im Folgenden werden die beiden verschiedenen Modelle anhand von zwei Beispielen veranschaulicht.

Die League of Legends World Series ist die Weltmeisterschaft des gleichnamigen Games. Die WM wird vom Publisher Riot Games selbst organisiert. Die

Weltmeisterschaft League of Legends Championship Series (LCS) wird jährlich ausgetragen. Um sich für die Weltmeisterschaft qualifizieren zu können, müssen sich die Teams über ihre jeweilige Region qualifizieren. Über verschiedene Gruppenphasen und Playoffs können die verschiedenen Teams Punkte sammeln und sich somit für die Weltmeisterschaft qualifizieren (Liebe 2020). Bei der LCS handelt es sich um eine geschlossene Liga, d. h. ein leistungsbedingter Auf- und Abstieg, wie es aus der Fußball-Bundesliga bekannt ist, erfolgt nicht (Daumann 2015). Stattdessen werden die Lizenzen über ein Franchisesystem vergeben bzw. verkauft. Das Franchisesystem ist in den USA durchaus üblich, zum Beispiel in der National Basketball Association (NBA) oder der National Football League (NFL) (Longley 2016). Das Franchisesystem wurde 2017 eingeführt und hat einen Buy-In von zehn Millionen Dollar (Eichgrün 2017). Auch diese Summe macht deutlich, welche Ausmaße der professionelle eSport angenommen hat. Die europäische Region wechselte 2018 ebenfalls zum Franchisesystem. Dieser Wechsel soll vor allem die finanzielle Stabilität der Organisationen gewähren, da diese sowie auch Spieler direkt an den Gewinnen von Riot Games beteiligt werden (Schnell und Rietkerk 2018).

Neben diesem Franchisesystem gibt es das *Turniersystem,* wie zum Beispiel von der Electronic Sports League (ESL) oder dem LAN Event Veranstalter Dreamhack. Die ESL hat in den letzten Jahren vor allem mit der ESL ONE und der Intel Extreme Masters (IEM) die größten Events im eSport veranstaltet. Es werden über das ganze Jahr hinweg einzelne Events veranstaltet, die entweder für sich alleine stehen oder in einem Finale ihren Höhepunkt finden. Bei den IEM endet das Turnier zum Beispiel mit den Finals in Katowice. Die Art der Qualifikation für dieses Event unterscheidet sich von der des Franchising Modells. Die besten Teams werden direkt zu diesem Event eingeladen. Es können sich allerdings auch Freizeitteams durch verschiedene Online-Turniere qualifizieren. In der Praxis setzen sich jedoch in der Regel die Teams mit professionellen Strukturen und entsprechendem Spielniveau durch. Auf der IEM werden hauptsächlich die Games Counter Strike: Global Offense und das Real Time Strategy Spiel Starcraft II gespielt. Das MOBA Genre wird mit DoTa 2 in der Turnierreihe ESL ONE abgedeckt (IEM 2020; ESL 2020). Die ESL ist nicht selbst Publisher der Spiele. Dadurch entsteht eine gewisse Abhängigkeit von den Publishern als rechtliche Eigentümer der Spiele. Letztendlich profitieren die Eventveranstalter und die Publisher voneinander, da sie als Spezialisten in ihrem jeweiligen Bereich über die Kompetenzen verfügen und sich gegenseitig ergänzen.

Sowohl das Ligen-, als auch das Event-System haben ihre USPs (Unique Selling Propositions). Eventuell ist das Ligasytem ein wenig flexibler, da es durch

seine Mikrotransactions innerhalb des Spiels nicht so stark von Sponsoringeinnahmen abhängig ist. Unter Microtransactions versteht man Käufe innerhalb
eines Spiels. Die ESL muss auf Einnahmequellen aus solchen Microtransactions
verzichten und ist somit stärker von Sponsoren abhängig.

3.4   Marktvolumen eSport

In der Literatur unterscheiden sich die Angaben zum eSport-Marktvolumen erheb-
lich. Das Problem liegt in der Abgrenzung von Gaming und eSport. Ein Spiel
kann sowohl nur für Freizeitaktivitäten also auch für wettkampfmäßiges Spielen erworben werden, z. B. Fifa 21. Nur im letzteren Fall kann der Umsatz dem
Marktvolumen des eSports zugeordnet werden (Görlich und Breuer 2020).

    Die Abb. 3.1 illustriert die Zahlen von Newzoo, einem Marktforschungsunter-
nehmen für eSport.

    Auf diesem Diagramm ist zu sehen, dass der weltweite Umsatz im Jahr 2019
zu 2018 um ca. 23 % gestiegen ist. Im Jahr 2020 wurden relativ gleichbleibende
Umsätze prognostiziert. Die tatsächlichen Daten liegen derzeit noch nicht vor.

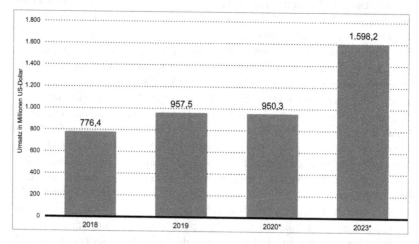

Abb. 3.1 Umsatz im eSports-Markt weltweit in den Jahren 2018 und 2019 und Prognose
für 2020 und 2023 (in Millionen US-Dollar). (Quelle: Eigene Darstellung in Anlehnung an
Newzoo, zitiert nach statista 2020)

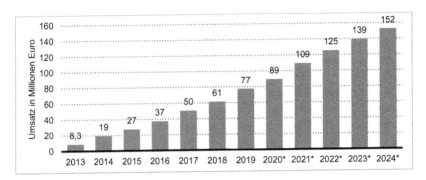

Abb. 3.2 Umsatz mit eSports in Deutschland von 2013 bis 2019 und Prognose bis 2024 (in Millionen Euro). (Quelle: Eigene Darstellung nach German (Global) Entertainment & Media Outlook, zitiert nach statista 2020)

Aufgrund der Corona-Pandemie ist aber durchaus eine Überperformance denkbar. Ein deutlicher Anstieg (ca. 67 %) wird bis zum Jahr 2023 erwartet.

In Deutschland wächst die eSport-Branche nach German (Global) Entertainment & Media Outlook stetig (s. Abb. 3.2). So wird eine Umsatzverdopplung vom Jahr 2018 bis 2023 prognostiziert.

Interessant sind auch die Auswirkungen der Corona-Pandemie auf den eSport. Die Deloitte – Studie „Lets Play" (2020) untersuchte den Einfluss der Corona-Pandemie auf den eSport-Sektor. Ursprünglich wurde im Jahr 2020 ein weiterer Wachstumsschub erwartet. Die Corona-Pandemie hat im eSport zunächst ebenfalls einiges durcheinandergewirbelt. Einige Sponsoren waren zunächst verunsichert, wie es mit dem eigenen Unternehmen und dem eSport weitergehen wird und sparten als erstes die Kosten für Sponsoring ein. Noch mehr als im klassischen Sport besteht im eSport eine große Abhängigkeit zu den Sponsoren. Im Durchschnitt entfallen derzeit ca. 75 % der Gesamtumsätze der Clans auf die Sponsoringeinnahmen (Fillinger 2020a; Witt 2020). TV-Gelder hingegen spielen bisher eine untergeordnete Rolle. Infolge der positiven eSport-Entwicklung wird bezüglich der TV-Gelder eine Steigerung erwartet, was die Abhängigkeit von den Sponsoren reduzieren würde.

Die bisherigen Auswirkungen der Corona-Pandemie auf den eSport müssen differenziert betrachtet werden. So hatten einige Teilbereiche, besonders der Event-Bereich, mit den Restriktionen zu kämpfen, während andere ein Plus verzeichnen konnten. Aber auch im digitalen eSport waren besonders kleinere Teams von der Corona-Krise stärker betroffen und mussten zum Teil Insolvenz anmelden wie etwa die Panthers Gaming. Eine positive Folge der Corona-Krise war, dass der eSport aufgrund der Restriktionen anderer Sportarten in der Öffentlichkeit in den Fokus rückte. Der eSport hatte es deutlich leichter als die analogen Sportarten, die Wettkämpfe der Events digital stattfinden zu lassen. Viele Formate des eSports finden von vornherein ausschließlich digital statt. Zusätzlich verbringen die Menschen mehr Zeit zuhause und so konnte der eSport einen Anstieg der Zuschauerzahlen verzeichnen. Die steigenden Zuschauerzahlen sind jedoch nicht automatisch mit der Bereitschaft gleichzusetzen, für eSport-Übertragungen auch Geld zu bezahlen.

Der eSport geht vor allem durch die zunehmende Professionalisierung der eigenen Strukturen eindeutig als Gewinner aus der Corona-Pandemie hervor (Deloitte 2020).

3.5   Vergleich traditioneller Sport und eSport

Im Abschn. 1.2 wurde bereits statuiert, dass der eSport sehr viele Eigenschaften mit dem klassischen Sport teilt. Ohne die Frage, ob eSport Sport ist, abschließend zu klären, sollen in diesem Kapitel einige für das Sponsoring relevante Punkte diskutiert werden.

Unterschiede und Gemeinsamkeiten klassischer Sport/eSport
- Körperlichkeit
- Wettkampforientiertheit
- Aufgaben der Verbände
- Emotion
- Wertevermittlung

Körperlichkeit
Die zuvor beschriebenen verschiedenen Games stellen unterschiedliche Anforderungen an die jeweiligen Spieler. Alle Spiele erfordern sowohl Fähigkeiten wie Hand-Augen-Koordination, Teamgeist, Strategie und Anpassungsfähigkeit als auch mentale Fähigkeiten. Allerdings ist die vom DOSB in deren Aufnahmebedingungen geforderte *eigene sportartbestimmende motorische Aktivität* nur bedingt erfüllt (DOSB 2018b). Die Spielaktivität findet abgekoppelt vom eSportler statt. Dieser bedient lediglich einen Controller. Diese Klickkombination wird dann auf einen

virtuellen Avatar übertragen, wodurch die jeweilige Aktion ausgelöst wird. Der ESBD beurteilt die motorische Aktivität anders. Demnach kontrolliert der eSportler durch eine eigene sportartbestimmende motorische Aktivität das Spielgeschehen (ESBD 2018).

Wettkampforientiertheit
Ein Spiel wird dann zum eSport Spiel, wenn es einen wettbewerbsfähigen Rahmen schafft und die verschiedenen Spieler und Teams in diesem Rahmen gegeneinander antreten können. Dieser Rahmen ist bereits in der eSport Definition des deutschen eSport-Bundes enthalten (s. Abschn. 1.2). Der eSport ist auf dem Weg, die notwendigen professionellen und kommerziellen Strukturen zu schaffen.

Aufgaben der Verbände
Die Aufgaben der Verbände wurden bereits im Abschn. 2.2 bereits genannt. Ein sehr großer Unterschied zu den traditionellen Verbänden besteht darin, dass die traditionellen Sportverbände für die Spielregeln und deren Einhaltung verantwortlich sind. Außerdem werden die Wettkämpfe von den traditionellen Verbänden organisiert und überwacht. Beim eSport übernehmen die Publisher oder andere kommerzielle Unternehmen diese Aufgaben. Dadurch gerät der eSport in eine sehr starke Abhängigkeit. Die Autonomie, die Sport eigentlich auszeichnen sollte, geht so verloren.

Emotion
Im Gegensatz zu vielen anderen Wirtschaftsgütern lebt der Sport von der Emotion aller Beteiligten. Der unvorhersehbare Ausgang ist das Besondere und erzeugt die Spannung, die im geregelten Alltag oftmals fehlt. Aufgrund der Struktur bietet eSport die gleichen Merkmale und damit eine gute Plattform für Sponsoring.

Wertevermittlung
Nach der Aufnahmeordnung des DOSB (2018b) muss eine Sportart die

„Einhaltung ethischer Werte wie z. B. Fairplay, Chancengleichheit, Unverletzlichkeit der Person und Partnerschaft durch Regeln und/oder ein System von Wettkampf- und Klasseneinteilungen gewährleisten. Dies ist nicht gegeben insbesondere bei Konkurrenzhandlungen, die ausschließlich auf materiellen Gewinn abzielen oder die eine tatsächliche oder simulierte Körperverletzung bei Einhaltung der gesetzten Regeln beinhalten."

Obwohl der eSport in seiner Definition die Vermittlung von Werten als Ziel des eSports angibt (s. Abschn. 1.2), haben einige Spiele die Tötung des Gegners als

Hauptziel und entsprechen damit nicht den o. g. Werten. Einige dieser Spiele werden auch im professionellen Wettkampf-Sport betrieben (Counterstrike, League of Legends, etc.) Gerade das Spiel „Counterstrike" wurde bereits für eine mögliche Aggressionsentwicklung von Jugendlichen in Betracht gezogen. Diese Befürchtung konnte sich in Studien nicht bestätigen (UKE 2018). Dennoch gilt es für mögliche Sponsoren und deren Hauptziel eines positiven Imagetransfers besonders auf die Auswahl des Spiels zu achten.

Sponsoring im eSport

Dieses Kapitel dient dazu einen ersten Einblick in das eSport-Sponsoring zu erhalten. Es folgt ein Vergleich von Sportsponsoring und eSport-Sponsoring. Anschließend werden die Risiken, Herausforderungen sowie die Potenziale und Erfolgsfaktoren mittels Literatur und Experteninterviews herausgestellt. Wie bereits erwähnt, wurden im Rahmen einer Masterarbeit Experteninterviews mit unterschiedlichen Stakeholdern zum Thema eSport-Sponsoring geführt. Zu den Interviewpartnern gehörten Vertreter einer Marketing- und Kommunikationsagentur sowie Berater mit dem Schwerpunkt eSport, ein professioneller eSportler aus dem Bereich Racing, ein Veranstalter von eSport-Events sowie ein eSport-Verein (Anthes 2019).

4.1 Sponsoring im klassischen Sport im Vergleich zum eSport-Sponsoring

Um den Bezug von Sportsponsoring auf eSport-Sponsoring zu erläutern, werden die Unterschiede und Gemeinsamkeiten aufgezeigt.

Einen Überblick über die Spezifikationen des eSport-Sponsorings ist der Abb. 4.1 zu entnehmen. Für den Vergleich mit dem Sportsponsoring können die bereits erläuterten Eigenschaften des Sponsorings herangezogen werden.

Im eSport sowie auch im klassischen Sport gibt es viele Übereinstimmungen. So existieren bei den *Disziplinen* sowohl Einzel- als auch Mannschaftssportarten. Außerdem findet Sportsponsoring in allen Leistungsebenen statt. Es werden sowohl im *Amateurbereich* als auch im *professionellen Bereich* und deren Zwischenstufen eSport-Sponsorships abgeschlossen. Auch in diesem Punkt gibt es Gemeinsamkeiten im eSport und im traditionellen Sport. Im traditionellen Sport

© Der/die Autor(en), exklusiv lizenziert durch Springer Fachmedien Wiesbaden GmbH, ein Teil von Springer Nature 2021
Y. von Borcke und N. Konnowski, *eSport-Sponsoring*, essentials,
https://doi.org/10.1007/978-3-658-33747-6_4

Abb. 4.1 Spezifikationen eSport Sponsoring. (Eigene Darstellung in Anlehnung an Heinz und Ströh 2017)

haben nahezu alle *organisatorischen Einheiten* eigene Sponsoren, wie zum Beispiel die Deutsche Fußball Liga (DFL) und die verschiedenen Fußballvereine. Einzelne Fußballer oder Sportler aus anderen Mannschaftssportarten schließen häufig noch private Sponsorenverträge ab (Heinz und Ströh 2017). Gerade im Fußball stellen die Spieler aufgrund ihres hohen Bekanntheitsgrades für Unternehmen eine gute Möglichkeit für einen Imagetransfer dar. Im eSport haben die *organisatorischen Einheiten* und die Teams ebenfalls eigene Sponsoren. Der Bekanntheitsgrad der eSportler reicht allerdings noch nicht an den der Fußballer heran. Im eSport gibt es zusätzlich noch Online und Offline Turniere.

Die Möglichkeiten der *Spezifikation* des Sponsorings sind zwischen eSport und dem traditionellen Sport größtenteils identisch. Im eSport sowie im klassischen Sport gibt es internationale, nationale oder auch regionale Turniere, die entweder regelmäßig oder einmalig ausgetragen werden. Auch im eSport gibt es Hauptsponsoren oder Co-Sponsoren (s. Abschn. 1.3). Das Sponsoring kann beispielsweise durch Branding des Equipments, Präsenz auf Events oder Namensgebung des Events umgesetzt werden. Im eSport kommen noch spezifische Möglichkeiten wie die Ingame-Werbung hinzu.

Nach diesem Vergleich kann festgehalten werden, dass sich das eSport Sponsoring aufgrund der strukturellen Gemeinsamkeiten sehr stark an dem des Sportsponsorings orientieren kann. Durch die Nähe zum Sportsponsoring hat sich das eSport-Sponsoring über die Jahre hinweg zunehmend professionalisiert. Zunächst haben überwiegend endemische Unternehmen, also brancheninterne Unternehmen, in ein Sponsorship eSport investiert. Die Gemeinsamkeiten des Sponsorings mit traditionellen Sportarten senken die Hürde für nicht endemische Unternehmen bezüglich eines eSport-Sponsorings (PwC 2018).

Dennoch müssen einige Aspekte bei einem Sponsorship im eSport berücksichtigt werden. Diese werden im nächsten Kapitel diskutiert.

4.2   Risiken und Herausforderungen des eSport-Sponsorings

Nachdem die besonderen Eigenschaften des eSports dargestellt wurden, wird in diesem Kapitel auf die Herausforderungen und Risiken des eSport-Sponsorings eingegangen.

Herausforderungen und Risiken
- Angriff der Internetverbindung bei Online-Games
- Spielmanipulation
- Doping
- Sexismus
- Virtuelle Gewalt
- Strategie
- Agilität und Dynamik des eSport-Marktes
- Konkurrenz anderer Trendsportarten
- Fehlende Branchenkenntnisse
- Kosten
- Instrumente des eSport-Sponsorings
- Zielgruppenansprache
- Fehlende Anerkennung als Sportart

Auch im eSport gibt es Risiken, die mit dem Sponsoring einhergehen. So kann beispielsweise die *Internetverbindung* eines Spielers *angegriffen* werden, indem andere Personen die Verbindung mit sehr viel Traffic attackieren und so eine Spielteilnahme verhindern. Gerade im Zusammenhang mit Wetten spielt auch die *Spielmanipulation* eine Rolle. Eine Spielmanipulation kann z. B. durch absichtliches Verlieren oder durch Softwaremanipulation der Spiele erfolgen. Bei der Softwaremanipulation sind vor allem die Publisher gefragt, mögliche Hackerangriffe abzuwehren. Auch beim eSport muss das Thema *Doping* angesprochen werden. Hierbei stehen vor allem Substanzen im Vordergrund, die die Konzentration steigern und erhalten. Gerade der professionelle eSport wird nach wie vor von Männern dominiert. Häufiger als im traditionellen Sport ist *Sexismus* im eSport ein Problem. Ein weiteres großes Thema gerade im Zusammenhang mit dem erwünschten Imagetransfer ist die *virtuelle Gewalt* in einigen Games. Spiele wie Counterstrike haben ein sehr schlechtes Image in der Gesellschaft.

Die oben genannten Probleme wurden erkannt und es wurde die Organisation Esports Integrity Commission (ESIC) gegründet als „guardian of the sporting integrity of esports" (Ströh und Heinz 2017). Neben diesen eSport-spezifischen Risiken bestehen die allgemeinen Risiken, die mit einem Sponsoring einhergehen. Dazu gehören mögliche Skandale der Gesponserten, Verletzungen, sportlicher Misserfolg, etc. (Walzel und Schubert 2018).

Der Aufbau einer *Strategie* und die Messung des Erfolgs stellen nach wie vor eine große Aufgabe dar. Eines der größten Probleme ist, dass Unternehmen oft keinen strategischen und somit langfristigen Plan verfolgen, sondern nur sehr kurzfristig planen (Bruhn 2018). Insgesamt kann im eSport-Sponsoring der Erfolg dennoch besser gemessen werden als im klassischen Sportsponsoring (s. Kapitel 4). Beim eSport ist allerdings aufgrund der noch instabilen Strukturen und der *Agilität* die Planungssicherheit nicht so hoch wie in anderen Sportarten. Die Agilität zeichnet sich vor allem durch die immer neu entstehenden und schnell an Beliebtheit gewinnenden Spiele aus. So können zwischen dem Release des Spiels und den ersten eSport Turnieren nur wenige Monate vergehen. Diese Agilität dürfen Unternehmen nicht unterschätzen.

Generell steht der eSport mit anderen *Trendsportarten* wie z. B. die „Drone Champions League" in Konkurrenz. In diesem Wettbewerb wird ein Wettrennen mit Drohnen veranstaltet. Die Zielgruppe ist ebenfalls jung, technikaffin und meist gut gebildet.

Eine weitere Herausforderung sind die *fehlenden Kenntnisse* besonders branchenferner Unternehmen in Bezug auf eSport. Mangelnde Kenntnisse stellten eine große Hürde im Engagement für den eSport dar. Der Aufwand für branchenferne

Unternehmen ist deutlich höher als bei branchennahen Unternehmen. Eine Einstiegshürde stellt der zum Teil *hohe finanzielle Aufwand* dar. Je nach Spiel werden unterschiedliche Summen erwartet. Beispielsweise führt bei League of Legends der Weg in die höchste LCS Klasse über den Kauf eines Teilnahmespots für ca. acht Millionen Euro. Diese Summe wollen oder können Unternehmen nicht investieren. Bei anderen Spielen ist der monetäre Aufwand nicht ganz so hoch. Die Erwartung einiger Unternehmen, im eSport Sponsoring weniger Geld investieren zu müssen als im klassischen Sportsponsoring, wird nicht in jedem Bereich erfüllt.

Des Weiteren stellen die *verschiedenen Instrumente des eSport-Sponsorings* ein Hemmnis dar. Neben der klassischen Trikotwerbung gibt es noch weitere Werbemöglichkeiten im eSport, die geraden klassischen Sponsoren oftmals nicht bekannt sind. So ist z. B. die Ingame Werbung als Bereich des Sponsorings in der Praxis bisher kaum umgesetzt worden. Unter Ingame-Werbung versteht man die Werbung innerhalb eines Spiels, z. B. Bandenwerbung bei einem Fußballspiel oder bei einem Autorennen. Die Ingame-Werbung ist deshalb so interessant, da beim eSport das Spielgeschehen selbst im Fokus steht. Es werden aber auch die Spieler mit der Trikotwerbung gelegentlich eingeblendet. Langfristig ermöglicht die Ingame-Werbung neue Chancen und neue Wege der Unternehmenskommunikation. Kurzfristig stellt die Ingame-Werbung aber vor allem ein Mehraufwand und somit auch eine große Herausforderung dar (Anthes 2019).

Die junge, gebildete und technikaffine *Zielgruppe* muss anders adressiert werden. Sie ist für klassische Werbung weniger empfänglich und erwartet kreativere Lösungen (s. Abschn. 3.3).

Die *fehlende Anerkennung* als Sportart ist für den Profi-Sport nur bedingt eine Einschränkung, da in diesem Bereich gewinnorientierten Unternehmen tätig sind. Für den Breiten- und Freizeitsport hingegen ist die fehlende Anerkennung ein Problem, da dadurch die Sponsorensuche erschwert wird.

Zusammenfassend kann der eSport als eine stark wachsende Subkultur eingeordnet werden, der für das Sponsoring große Potenziale aufweist.

4.3 Potenziale & Erfolgsfaktoren des eSport-Sponsorings

Nachdem die Herausforderungen aufgezählt und erläutert worden sind, werden in diesem Kapitel Potenziale, Erfolgsfaktoren und die Unique Selling Propositions (USPs) des eSport-Sponsorings beleuchtet.

Potenziale und Erfolgsfaktoren
- Attraktive Zielgruppe
- Digitalisierung der Konsumkanäle
- Erfolgskontrolle
- Attraktive Werbeumgebung
- Keine Überkommerzialisierung
- Reichweite
- Schaffung neuer Arbeitsplätze

Der erste und größte USP des eSport-Sponsorings ist die *Zielgruppe*. Diese Zielgruppe birgt neben den soeben genannten Herausforderungen ein großes Potenzial: In keinem anderen Sport trifft man die Millennials (Jahrgänge 1981–1995) und die Generation Z (1996–2012) so konzentriert an. Diese beiden Generationen werden häufig als Einheit betrachtet. Dennoch bestehen wesentliche Unterschiede: So sind die Millennials die digitalen Pioniere. Sie betreiben intensives Networking, leben den Optimismus und schätzen Teamwork. Diese Generation ist sehr karriereorientiert und oft online. Die Generation Z hingegen ist direkt in der digitalen Welt aufgewachsen. Für sie verschwimmen die reale und die digitale Welt. Von den Werten ist ihnen ein individueller Lebensstil wichtig sowie Kreativität und Sinnsuche. Karriere stellt nur einen gewissen Teil des Lebens dar. Ihnen ist Freizeit und Struktur ebenso wichtig (Scholz 2018). Aber eine Sache eint die beiden Generationen: Sie haben ein verändertes Medienverhalten und erwarten, dass die Unternehmen mit ihnen auf allen Kanälen kommunizieren (Criteo 2018).

In den letzten Jahren fand eine Verschiebung der Konsumkanäle statt. Wurde früher vor allem das Fernsehen genutzt, hat sich heute das Medienverhalten zugunsten des Streamings wie Netflix, Amazon Prime Video, DAZN und You-Tube verlagert. Diese Verschiebung und die Digitalisierung der Medien hat dem Gaming und dem eSport enorm geholfen, da seit seinen Anfängen das Streaming den Hauptübertragungsweg darstellte. Somit verhalf die allgemeine Digitalisierung des Medienkonsums dem eSport zu noch mehr Zuschauern. Da die Millennials und die Generation Z weniger lineares Fernsehen schauen, können sie dort folglich auch keine Werbung konsumieren (Breuer und Görlich 2020; Scholz 2018; PwC 2020). Aus diesem Grund besteht für viele Unternehmen Handlungsbedarf. Sie haben erkannt, dass der Fußball oder andere traditionelle Sportarten nicht mehr die Ansprache der gewünschten Zielgruppe garantieren.

Wie bereits dem Abschn. 2.2 zu entnehmen ist, hat die Zielgruppe ein weiteres Merkmal. Die Zielgruppe des eSports besteht aus überdurchschnittlich gebildeten Personen. Sie sind jetzt und zukünftig als Kunden und Konsumenten aufgrund ihrer Einkommensstärke für die Unternehmen interessant (Heinz und Ströh 2017).

Eines der großen Probleme des klassischen Sportsponsorings stellt die fehlende Messbarkeit des Erfolgs dar. Diesem Problem kann im eSport-Sponsoring entgegengewirkt werden. Die gesammelten Daten geben wertvolle Informationen über die eSport-Zuschauer und deren Konsumverhalten. So können in einem Stream nicht nur die Gesamtviewerzahl, sondern auch weitere Kennzahlen wie zum Beispiel die Anzahl der geklickten Affiliate Links und die View- Through-Rate erhoben werden. Die View-Through-Rate gibt an, wie lange die Person einen Stream tatsächlich geschaut hat (Anthes 2019). Weitere Möglichkeiten der Datenanalyse werden im Kapitel 4 beschrieben.

Ein großer Vorteil, den das Sport- und eSport-Sponsoring gemeinsam haben, ist die attraktive Umgebung des Sports. So befindet sich der User während der Teilnahme an einer Sportveranstaltung in einem privaten und emotionalen Umfeld. Dadurch rückt der Werbetreibende zunächst in ein positives Licht. Das Markenimage kann dadurch positiv beeinflusst werden (Anthes 2019).

Generell hat der eSport-Markt den Vorteil, dass er zum größten Teil noch nicht überkommerzialisiert ist. Das bietet je nach eSport-Spiel derzeit noch Einstiegsmöglichkeiten. Außerdem ist die eSport-Community an einem Austausch mit den Sponsoren interessiert. Es besteht daher für Sponsoren die Möglichkeit, die weitere Entwicklung mitzugestalten, was im traditionellen Sport kaum noch möglich ist. Die zunehmende Professionalisierung und die damit entstehenden Strukturen erleichtern interessierten Sponsoren das Engagement. Die eSport-Branche ist digital, global und sehr schnelllebig. Aufgrund dessen verfügt sie über eine enorme Reichweite.

Derzeit investieren immer mehr nicht-endemische Unternehmen in den eSport. Die Pioniere, die sich als erstes im eSport engagiert haben, werden First-Mover genannt. First-Mover sind Unternehmen, die als Erste in einen neuen Markt eintreten und dadurch signifikante Marktanteile und Erfahrungsvorsprünge gegenüber der Konkurrenz sammeln können (Müller 1997). Sie haben gegenüber den Second-Movern bzw. Followern, die ebenfalls an den Erfolgen im eSport-Sponsoring partizipieren möchten, einen deutlichen Erfahrungsvorsprung.

4.4   Handlungsempfehlungen

Aus den zuvor genannten theoretischen Grundlagen sowie den Informationen aus den Experteninterviews haben sich folgende Handlungsempfehlungen für einen Einstieg in das eSport-Sponsoring herauskristallisiert:

Handlungsempfehlungen für einen Einstieg in das eSport-Sponsoring
- Storytelling
- Kundenzentrierte Ansprache
- Strategie
- Marktbeobachtung
- Authentizität und Kreativität
- Fokus auf relevante eSport-Titel

Das *Storytelling* wurde sowohl in den Experteninterviews als auch in den anderen Quellen als zentrales Instrument des eSport-Sponsorings herausgestellt. Unter diesem Begriff versteht man die Vermittlung von Informationen und Emotionen durch Geschichten, indem authentische Stories mit redaktionellem Hintergrund kreiert werden. Wie bereits erwähnt, stehen die Millennials und die Generation Z der klassischen Werbung eher kritisch gegenüber. So reicht es in dieser Zielgruppe des eSports nicht mehr aus, nur das Logo einer Marke auf Werbeflächen zu platzieren. Sie legen sehr viel Wert auf interaktive Kommunikation, auch mit dem potenziellen Sponsor (Fillinger 2020b; Anthes 2019). Das Storytelling an sich ist aufwendiger als die klassische Werbung. Dennoch ist es eines der wichtigsten Instrumente, um die gewünschte Zielgruppe zu erreichen.

Ein weiterer wichtiger Aspekt ist die *kundenorientierte Ansprache*. War früher das Produkt Mittelpunkt der Marketingstrategie, wird nun der Kunde selbst in den Mittelpunkt gestellt. Die Ansprache sollte persönlich und individuell erfolgen. Gerade die junge, gebildete Zielgruppe des eSports identifiziert unkreative Werbung sofort.

Eine sorgfältige und strukturierte *Planung der Sponsoring-Strategie* ist ein weiterer Erfolgsfaktor. Im eSport sollte die Planung grundsätzlich langfristig erfolgen. Von Engagements kürzer als einem Jahr wird grundsätzlich abgeraten. Da eine solche ganzheitliche Strategie des Sponsorings brancheninterne Kenntnisse erfordert, ist es ratsam, eventuell eine geeignete Agentur zu engagieren. Im Zuge der Professionalisierung des eSports gibt es zunehmend Beraterfirmen, die sich auf eSport spezialisiert haben und über die nötigen Kontakte verfügen (Witt 2020).

Ein weiterer Fokus sollte auf der *Marktbeobachtung* liegen. Aktuell befindet sich das eSport-Sponsoring am Anfang der „Second-Mover" Phase. Es ist damit zu rechnen, dass die Kosten für eSport-Sponsoring aufgrund der erhöhten Nachfrage in Zukunft steigen werden. Daher wäre jetzt ein günstiger Zeitpunkt, für angemessene Kosten eine langfristige Partnerschaft zu starten (Heinz und Ströh 2017). Zusätzlich sollte die Agilität des eSports berücksichtigt werden. Die eSport-Branche zeichnet sich durch eine starke Dynamik aus. Die Fluktuation an Spielern und Spielen ist im Verhältnis zum klassischen Sport sehr hoch. Das aktuelle Sponsoring sollte daher fortlaufend überprüft werden. Gleichzeitig entstehen durch die stetige Marktentwicklung neue Chancen für eSport-Sponsoring.

Daniel Finkler, CEO deutscher eSport-Clans Berlin International Gaming, rät außerdem auf relevante eSport-Titel zu fokussieren. Die Sportsimulationen seien dabei überbewertet. Gerade wer auf Reichweite achte, komme an den klassischen eSport-Titeln nicht vorbei (Witt 2020).

Zusammenfassend kann festgehalten werden, dass eSport-Sponsoring-Maßnahmen authentisch und kreativ gestaltet werden sollten.

Seitens des eSports sollte das zum Teil noch negative Image des Gamings weiterhin bekämpft werden. Das negative Image resultiert einmal aus der virtuellen Gewalt einiger Spiele sowie dem Image der eSportler, mit denen Begriffe wie „Nerds", „übergewichtig" und „Eigenbrötler" assoziiert werden. Diese Situation hat sich mit der zunehmenden Mainstream-Entwicklung des eSports bereits verbessert. Dennoch muss weiterhin Aufklärung in diesem Bereich betrieben werden. Hier ist es auch wichtig zu unterscheiden, welche Zielgruppe angesprochen werden soll. Diejenigen, die eSport bereits betreiben oder den eSport als passiver Zuschauer konsumieren, stehen dem eSport grundsätzlich positiv gegenüber. Bei der Akquise neuer Sportler oder Zuschauer spielt das Image hingegen eine größere Rolle. Neben diesem Aspekt sollte die Professionalisierung und Strukturierung des eSports weiter vorangetrieben werden, um mögliche Sponsoren gewinnen zu können.

Beyond Sponsoring – Big Data Analytics und Künstliche Intelligenz im eSport

Wenn die TSG 1899 Hoffenheim in der Fußballbundesliga aufläuft, dann prangt das SAP-Logo auf dem Trikot der Kicker. Doch SAP ist nicht nur bei publikumswirksamen klassischen Sportarten aktiv. Das stark wachsende eSports-Segment hat das Interesse der Walldorfer geweckt. So ist der Konzern unter anderem in der DotA 2-Szene aktiv. Anders als beim analogen Sport können Datenströme direkt angezapft und ausgewertet werden (Weiler 2020). Dabei werden aktuell im eSport so viele Daten wie niemals zuvor produziert. Basis hierfür ist die Implementierung von Elektronik und Sensorik in Gegenständen (z. B. Spielekonsolen, Sensorhandschuhe, Virtual Reality Brillen etc.) und deren Vernetzung über das Internet.

Die Messung von Wirkung von Sponsoring, die Erfassung der Eigenschaften von Fan-Zielgruppen und die aktuelle Verfügbarkeit von *Daten rund um eSportaffinitäten* globaler Fan-Segmente führen dazu, dass auch die Markt- und Medienforschung neue Wege gehen muss. Dabei müssen alle werblichen Kanäle und Zielgruppen adäquat abgebildet und beurteilt werden können (Falkenau 2019).

In einer Zeit, in welcher sich die Anzahl an Daten schätzungsweise alle zwei Jahre verdoppelt, gewinnt der Begriff Big Data zunehmend an Bedeutung (Gentsch 2018). Insbesondere wenn es um Künstliche Intelligenz (KI) geht, die mit Daten und cleveren Algorithmen erstaunliche Spielergebnisse erzielt: So besiegt 2016 die Google KI AlphaGo die weltbesten Schachspieler ohne Probleme. Kurz darauf gewinnt eine KI auch in dem noch komplexeren Spiel Go. 2018 schlägt die von Elon Musk mit gegründete Open AI Five die zwei weltbesten Dota 2 Spieler und kurze Zeit später lässt die Google KI Deepmind auch die besten Starcraft 2 Spieler weit hinter sich (Schüssler 2020).

Y. von Borcke und N. Konnowski, *eSport-Sponsoring*, essentials, https://doi.org/10.1007/978-3-658-33747-6_5

Systeme der künstlichen Intelligenz (insbesondere Machine-Learning Verfahren) beginnen die Daten nicht nur zu lesen und regelbasiert auswerten zu können, sondern Zusammenhänge und Muster in den Daten zu erkennen: Maschinenlesbare Daten werden zu Maschinenverstehbaren Daten und programmierte Systeme entwickeln sich zu *automatisierbaren, selbstlernenden Systemen* (v. Borcke 2021).

Dabei geht es nicht nur um eine deskriptive Analyse der digitalen Datenspuren aus der Vergangenheit – „Was ist passiert?" – sondern auch um eine *prädiktive Analyse* und die Frage „Was können wir mit unserem Sponsoring besser machen"? und *„Wohin steuern die Interessen der eSportler"?* Vor dem Hintergrund rasch wandelnder Präferenzen und eines dynamischen eSport-Marktes gewinnt diese Frage an zunehmender Relevanz.

Grundlage für die Analyse bilden Datenmengen, welche durch statistische Modelle und Algorithmen ausgewertet werden, um Beziehungen in den Datenmengen zu identifizieren. Dabei werden die beliebtesten Gaming und eSport Produkte am schnellsten besser und damit für Nutzung und Sponsoring noch attraktiver. Hintergrund sind oftmals *exponentielle Muster.* Ein Beispiel für exponentielles Wachstum hat Netzpionier Robert Metcalf mit seinem Metcalf´s Law beschrieben: Der Wert (V) eines Netzwerks (z. B. Twitch) ist hiernach proportional zur Zahl seiner Nutzer (n) im Quadrat ($V \propto n^2$): Weil alle Nutzer mit allen anderen kommunizieren können, ist ein Netzwerk mit zehn Nutzern nicht zehnmal so wertvoll wie eins mit nur einem Nutzer, sondern *hundertmal* so wertvoll (10^2) (Baumgärtl 2018).

Ergebnis ist eine stark ansteigende Datenmenge, **Big Data,** die sich im eSport Kontext anhand folgender *fünf Dimensionen* (Salzig 2016) systematisieren lässt:

Big Data – fünf Dimensionen
1. Volume
2. Velocity
3. Variety
4. Validity
5. Value

Volume Die Datenproduktion steigt mit steigender eSport-Nutzung stark an: Kamen Twitch, Facebook Gaming und YouTube im dritten Quartal 2019 auf rund 3,9 Mrd. h, so hat sich der Wert in nur einem Jahr um 91,8 % auf 7,46 Mrd. h gesteigert. Im dritten Quartal 2020 kam Facebook Gaming erstmals auf über 1 Mrd. h angesehener Live-Streams. Facebook holt schnell auf und liegt nicht mehr weit hinter YouTube Gaming zurück, welches auf 1,675 Mrd. h kommt (Firsching 2020).

Die Werte, die sich in den Datenbergen verbergen, können manuell nicht mehr ausgewertet werden. Hierzu müssen die smarten Algorithmen eingewechselt und neue, datenbasierte Möglichkeiten im Online-Marketing und Sponsoring-Controlling identifiziert werden (Hedemann 2018).

So lassen sich Inhalte der Live-Streams sortieren, filterbar oder durchsuchbar machen. Maschinelle Bilderkennung kann analysieren womit sich die Gamer beschäftigen. Sie erkennen unter anderem, wo die Gesichter der menschlichen Streamer eingeblendet werden (Fehrenbach 2018). Bei der Planung und Durchführung von begleitenden, aktivierenden Online Kampagnen lässt sich die Effektivität und der Wert der Werbemaßnahmen über A/B-Tests und statistische Modelle messen. Darüber hinaus werden u. a. die Effekte verschiedener Varianten einer Display-Anzeige miteinander vergleichen: Variante A ist das Original, Variante B enthält mindestens ein abgeändertes (Sponsoring)-Element – und dies *automatisiert* (Thinkwithgoogle 2019).

Zudem können A/B-Tests eingesetzt werden: Bei einer Gruppe von Gamern oder in einer bestimmten Region wird die Online-Marketing-Aktivität ausgesetzt, während sie einer anderen Gruppe von Nutzern oder in einer anderen Region weiter ausgespielt wird. Die Analyse-Ergebnisse der Programme können dann durch die menschlichen Marketing-Experten bewertet und in die Analyse und Planung weiterer Marketing und Sponsoring Maßnahmen einfließen.

Velocity bezeichnet die *Geschwindigkeit,* mit der Daten generiert, ausgewertet und weiterverarbeitet werden können. Heutzutage meist im Bruchteil von Sekunden bzw. in Real-Time. Da viele Events auch live im Social Web populär sind und dabei auf eine große Resonanz des Online-Publikums stoßen, liegt es für Sponsoren nahe, ihre Sponsoringerfolge über verschiedene KPI's *(Key Performance Inidicators)* – z. B. Reichweite, Engagement, Earned Mentions – auszuwerten (Grünberg 2015).

Variety bezieht sich auf die *Vielfalt der Datentypen und -quellen.* Ca. 80 % der Daten weltweit sind heute unstrukturiert und weisen auf den ersten Blick keinerlei Zusammenhänge auf. Dank Big Data Algorithmen können Daten wieder strukturiert eingeordnet und auf Zusammenhänge und Anomalien untersucht werden.

Dabei treten Erkenntnisse aus Sponsoring Aktivitäten zu Tage, die vorher so nicht evident waren. Insbesondere bedarf es erlebnisbezogener Daten, sogenannter X-Data (Experience/Emotional), die Auskunft über Erwartungen, Erlebnisse und Einstellungen der Gamer geben können. Fragen wie „Wird das E-Sport-Sponsoring von der Community als glaubwürdig und authentisch aufgefasst?" lassen sich datenbasiert beantworten.

So kann eine *Social Analytics Software* in einen eSport-Live-Stream Hunderte Chatlines analysieren und das *Sentiment* (emotionale Stimmung) auf positive oder negative Kommentare hin untersuchen. Basierend auf Live-Streaming und Video-on-Demand-Filmmaterial werten *Bilderkennungssysteme* die Position und Einblendungslänge der Sponsor-Logos aus und liefern so zusätzliche wertvolle Datenpunkte für die Sponsoring-Strategie.

Validity benennt die *Sicherstellung der Datenqualität und Glaubwürdigkeit von Daten.* Zwar gilt der Satz in einer Datenökonomie: *„You can't manage, what you can't measure"* mehr denn je. Dennoch ist der Umkehrschluss nicht immer richtig: Nicht alles, was man messen kann, lässt sich mit Messwerten auch schon managen (Fetzer 2020). Beim Management mit zentralen KPI's müssen vorab *strategische Fragen* gestellt werden, z. B.: Welche Fragen zum eSport-Sponsoring Engagement wollen wir datenbasiert beantworten? Haben wir hierfür eine ausreichende Datenbasis bzw. wie können wir diese akquirieren?

Value Der Besitz der richtigen Daten und entsprechende Daten-Analysefähigkeiten werden zum entscheidenden *Wettbewerbsvorteil* und strategischen Asset (Beck und Libert 2018). Bereiche wie Data Analytics und Methoden der künstlichen Intelligenz werden zukünftig noch mehr Möglichkeiten eröffnen, besser zu verstehen, wie, wann und womit Gamer und eSportler für Produkte und Marken begeistert werden können.

Nahezu alle Anforderungen wie mehr Relevanz durch Personalisierung, Auslieferung von Content in Echtzeit über die weiterwachsende Zahl an Berührungspunkten lassen sich mit den intelligenten Systemen unterstützt beantworten. So lässt sich mit den smarten Maschinen ein Grad der *Automatisierung, Personalisierung und Effizienz* erreichen, der mit rein menschlicher Marketing und Sponsoring-Expertise nicht möglich wäre (Shah 2018). Dabei müssen Marketing-Experten die Trainerrolle übernehmen, indem sie ethische, rechtliche Leitplanken setzen sowie *kreative Impulse* geben. Zudem gilt es die neuen technischen Möglichkeiten und gewonnenen Erkenntnisse in eine kohärente Daten-, Marketing- und Sponsoring Strategie einzubetten.

Big Data, KI und datenbasierte Entscheidungsunterstützung ist damit nicht mehr länger reines IT-Thema, sondern wird zu einer Top Priorität im E-Sport-Marketing und Sponsoring.

Zusammenfassung

Ziel dieses Buches war es, das faszinierende Phänomen eSport dem interessierten Leser näher zu bringen und ihn zu ermutigen, sich intensiver mit dem Thema auseinanderzusetzen. Außerdem sollten Möglichkeiten aufgezeigt werden, wie der Einstieg in das eSport-Sponsoring als Alternative zum klassischen Sportsponsoring gelingen könnte.

Der eSport weist sehr viele Parallelen zum traditionellen Sport auf. Daher müssen die Sponsoring-Strategien, die bereits für das Sportsponsoring existieren und in den letzten Jahren präzisiert wurden, nicht vollständig neu erfunden werden. Dennoch gibt es einige Merkmale, die den eSport vom klassischen Sport unterscheiden und eine Anpassung der gängigen Sponsoring-Strategien erfordern.

Der eSport selbst besteht aus unterschiedlichen Games oder Disziplinen. Für Außenstehende und mögliche Sponsoren kann diese Vielfalt sehr verwirrend sein. Auch die Organisationsstruktur unterscheidet sich in einigen Punkten von den traditionellen Sportarten. Die Team- und Ligenstrukturen im eSport-Sponsoring sind noch nicht vollends ausgebildet und somit noch instabil. Auch der Einfluss der Publisher unterscheidet den eSport vom traditionellen Sport.

Der mögliche Sponsor muss sich daher sehr intensiv mit der eSport-Branche auseinandersetzen oder kompetente Berater hinzuziehen, um die richtigen Entscheidungen passend zu seinen Unternehmenszielen zu treffen.

Viele Unternehmen verfolgen mit einem eSport-Sponsoring vor allem die Ziele, das eigene Image zu verjüngen und eine jüngere Zielgruppe anzusprechen. Dafür eignet sich das eSport-Sponsoring hervorragend. Allerdings müssen die Besonderheiten, was die Ansprache dieser jungen Zielgruppe angeht, berücksichtigt werden. Interaktivität, Kreativität und ständige Erreichbarkeit auf allen Kanälen sind die entscheidenden Faktoren. Genau wie im klassischen Sponsoring, hängen die Kosten des Sponsorings mit der Reichweite zusammen. Der

Y. von Borcke und N. Konnowski, *eSport-Sponsoring*, essentials, https://doi.org/10.1007/978-3-658-33747-6_6

eSport ist digital und (inter-) national, je nachdem, für welchen Bereich sich der Sponsor entscheidet. Anders als im klassischen Sportsponsoring, lassen sich die Sponsoring-Maßnahmen detailliert auswerten. So können die Sponsoring-Maßnahmen fortlaufend angepasst und auf die Zielgruppe optimiert werden. Zusätzlich lassen sich durch die guten Analysemöglichkeiten die Investitionen der Sponsoring-Maßnahmen rechtfertigen.

Die Agilität und Dynamik des eSports ist sowohl ein Vor- als auch ein Nachteil. So entstehen immer wieder neue Chancen für ein Engagement im eSport. Auf der anderen Seite erfordert ein eSport-Sponsoring eine fortlaufende Betreuung des Sponsoring-Projekts, was sehr zeitaufwändig ist.

Generell wird ein weiteres Wachstum des eSport-Marktes prognostiziert. Das ist zum einen auf das Konsum- und Medienverhalten der Millennials und der Generation Z zurückzuführen. Zum anderen geht der eSport trotz der anfänglichen Schockstarre als klarer Gewinner der Corona-Krise hervor. So konnte der eSport neue Zuschauer dazu gewinnen und im Gegensatz zu vielen analogen Sportarten den Spielbetrieb aufrechterhalten. Der eSport hat einen weiteren Vorteil gegenüber den meisten anderen Sportarten: Er ist ein neues weltweites Phänomen. Neben dem Fußball können nur noch sehr wenige Sportarten von diesem Vorteil profitieren. Dadurch steigen das Interesse und die gesellschaftliche Akzeptanz des eSports schneller an als bei regionalen Phänomenen. Aufgrund der digitalen Verfügbarkeit ist es sehr leicht, dem eSport zu folgen.

Abschließend kann festgehalten werden, dass der **eSport eine spannende Alternative** zu den klassischen Sportarten für das Sponsoring darstellt. Für Unternehmen, die ihr Image verjüngen oder eine junge Zielgruppe ansprechen möchten, ist der eSport ideal. Außerdem bietet eSport für die Unternehmen eine gute Möglichkeit, die eigene digitale Transformation voranzutreiben. Das eSport-Sponsoring erfordert allerdings eine intensive Beschäftigung mit dem Thema und eine Kontaktpflege mit den bestehenden und potenziellen Kunden. Zunächst ist es eine große zeitliche Investition. Das Sponsoring sollte grundsätzlich langfristig angelegt sein und auf das Ziel der Image Verbesserung und Markenbekanntheit ausgelegt sein. So kann ein eSport-Sponsoring für beide Seiten eine Win-win-Situation darstellen.

Was Sie aus diesem *essential* mitnehmen können

- Erkenntnisse, welche Voraussetzungen für ein erfolgreiches eSport-Sponsoring notwendig sind.
- Einschätzung der Herausforderungen und Potenziale des eSport-Sponsorings.
- Vorschläge zur Ansprache junger Zielgruppen.
- Einschätzung, ob eSport-Sponsoring eine Alternative zum traditionellen Sport-Sponsoring darstellt.
- Konkrete Handlungsempfehlungen für den Einstieg in das eSport-Sponsoring.
- Nutzung von Big Data Analytics und Künstlicher Intelligenz im eSport.

© Der/die Herausgeber bzw. der/die Autor(en), exklusiv lizenziert durch
Springer Fachmedien Wiesbaden GmbH, ein Teil von Springer Nature 2021
Y. von Borcke und N. Konnowski, *eSport-Sponsoring*, essentials,
https://doi.org/10.1007/978-3-658-33747-6

Literatur

Ackermann, J. (2011): Gemeinschaftliches Computerspielen auf LAN-Partys. Kommunikation, Medienaneignung, Gruppendynamiken, Berlin.

Adjouri, N. & Stastny, P. (2015): Sport-Branding. Mit Sport-Sponsoring zum Markenerfolg, 2. Aufl., Wiesbaden.

Anthes, S. (2019): eSport-Sponsoring. Erfolgsfaktoren – Herausforderungen – Potentiale, Hamburg.

Bagusat, A. (2016): Sponsoring Trends 2016, verfügbar unter: https://www.ostfalia.de/cms/de/ispm/.content/documents/Sponsoringtrends/Berichtsband_Sponsoring_Trends_2016.pdf, abgerufen am 27.11.2020.

Baumgärtl, Z. (2018): Facebooks Macht steckt hinter dieser Formel, verfügbar unter: https://www.zeit.de/digital/2018-04/soziale-netzwerke-facebook-mark-zuckerberg-algorithmus-metcalfesches-gesetz, abgerufen am 19.1.2021.

Beck, M; Libert, B. (2018): The Machine Learning race is really a data race, verfügbar unter: https://sloanreview.mit.edu/article/the-machine-learning-race-is-really-a-data-race/, abgerufen am 12.12.2018.

Borcke, von Y. (2021): Cognitive Leadership – Führung im Zeitalter der künstlichen Intelligenz, Wiesbaden.

Bruhn, M. (2018): Sponsoring. Systematische Planung und integrativer Einsatz, 6. Aufl., Wiesbaden.

Bundesregierung (2018): Ein neuer Aufbruch für Europa. Eine neue Dynamik für Deutschland. Ein neuer Zusammenhalt für unser Land, verfügbar unter: https://www.bundesregierung.de/resource/blob/656734/847984/5b8bc23590d4cb2892b31c987ad672b7/2018-03-14-koalitionsvertrag-data.pdf, abgerufen am 29.11.2020.

Criteo (2018): Millennials vs. Generation Z: 4 wesentliche Unterschiede zwischen den Generationen, verfügbar unter: https://www.criteo.com/de/blog/millennials-vs-gen-z/, abgerufen am 04.01.2021.

Daumann, F. (2015): Grundlagen der Sportökonomie, 2. Aufl., Konstanz.

Deloitte (2020): eSport-Studie: Let's Play! 2020. Studie zu aktuellen Marktentwicklungen im eSports-Bereich und Industrieeinblicke, verfügbar unter: https://www2.deloitte.com/de/de/pages/technology-media-and-telecommunications/articles/esports-studie-2020.html, abgerufen am 25.01.2020.

DOSB (2018): DOSB und ESport, verfügbar unter: https://www.dosb.de/ueber-uns/esport/, abgerufen am 28.12.2020.

DOSB (2018b): Satzungen und Ordnungen, verfügbar unter: https://cdn.dosb.de/user_u pload/www.dosb.de/uber_uns/Satzungen_und_Ordnungen/aktuell_Aufnahmeordnung_ 2018_.pdf, abgerufen am 15.12.2020.

Eichgrün, M. (2017): NA LCS Franchising ab 2018 – 10 Millionen Dollar Teilnahmege-bühr. verfügbar unter: https://www.summoners-inn.de/de/news/54438-na-lcs-franchising-ab-2018-10-millionen-dollar-teilnahmegebuehr, abgerufen am 14.01.2021.

ESBD (2018): Was ist eSport?, verfügbar unter: https://esportbund.de/esport/was-ist-esport/, abgerufen am 10.11.2020.

ESBD (2020a): Neues eSport-Visum für 2020 beschlossen – ESBD begrüßt vereinfachten Aufenthalt für eSportler, verfügbar unter https://esportbund.de/blog/2019/12/20/neues-esport-visum-fuer-2020/, abgerufen am 29.01.2021.

ESBD (2020b): Veranstaltungen und Ligen, verfügbar unter https://esportbund.de/veranstal tungen-und-ligen/, abgerufen am 15.01 2021.

ESBD (2020c): Satzung des eSport-Bund Deutschland e. V. i. d. F. vom 15.01.2018. https:// esportbund.de/wp-content/uploads/2021/01/20201204-Satzung-des-eSport-Bund-Deutsc hland.pdf, abgerufen am 25.10.2020.

ESL (2020): About ESL Gaming, verfügbar unter: https://about.eslgaming.com/, aufgerufen am 03.02.2021.

Falkenau, J. (2020): 5 Trends im Sport Sponsoring – wie sieht die Zukunft aus, verfüg-bar unter: https://beyond-the-match.com/insights/5-trends-im-sportsponsoring-wie-sieht-die-zukunft-aus/, abgerufen am 27.1.2021.

Fehrenbach, A. (2018): Shikenso: Eine KI soll die E-Sport-Branche erobern, verfügbar unter: https://www.deutsche-startups.de/2018/03/19/shikenso-eine-ki-soll-die-esport-bra nche-erobern/, abgerufen am 26.1.2021.

Fetzer, J. (2020): Nicht mit Dir und nicht ohne Dich, verfügbar unter: https://next.pwc.de/ iv19-zahlen-bitte/nicht-mit-dir-und-nicht-ohne-dich.html, abgerufen am 13.1.2020.

Fillinger, R. (2020a): Virtuell und kontaktlos. Schlägt jetzt die Stunde des eSports?, ver-fügbar unter https://www.sponsors.de/news/themen/eSport-corona-chance, abgerufen am 30.11.2020.

Fillinger, R. (2020b): Was sind die Erfolgsfaktoren im eSport-Sponsoring und bei der Fan-Kommunikation?, verfügbar unter: https://www.sponsors.de/news/themen/sgm-onl ine-days, abgerufen am 01.11 2020.

Firsching, J. (2020): 7,5 Mrd. Stunden: Live-Streaming auf Twitch, YouTube & Facebook, verfügbar unter: https://www.futurebiz.de/artikel/live-streaming-wachstum-92-prozent/, abgerufen am 27.1.2021.

Fuchs, R. (2017): Sponsoring. Eine Win-win-Situation, Nürnberg.

Gentsch, P. (2018): Künstliche Intelligenz für Sales, Marketing und Service, Wiesbaden.

German (Global) Entertainment & Media Outlook (2020): Umsatz mit eSports in Deutsch-land von 2013 bis 2019 und Prognose bis 2024 (in Millionen Euro). Zitiert nach Statista, verfügbar unter https://de.statista.com/statistik/daten/studie/737326/umfrage/pro gnose-zum-umsatz-im-esports-markt-in-deutschland/, abgerufen am 18.01.21.

Görlich, M, Breuer, D. (2020): Elektronischer Sport – Historische Entwicklung und aktuelle Fragestellungen. In: Breuer, M. Görlich, D. (Hrsg.): eSport. Status Quo und Entwicklungspotentiale, Wiesbaden.

Grünberg, T. (2015): Social Listening zur Bewertung von Sponsoring Aktivitäten, verfügbar unter: https://www.brandwatch.com/de/blog/social-listening-zur-bewertung-von-spo nsoring-aktivitaeten/, abgerufen am 27.1.2021.

Hedemann, F. (2018): Künstliche Intelligenz: Zwischen Hype, Mythos und Zukunftsvision.

Hermanns, A., & Marwitz, C. (2008): Sponsoring. Grundlagen, Wirkungen, Management, Markenführung, 3. Aufl., München: Vahlen.

Heinz, A. & Ströh, J. (2017): The esports market and esports sponsoring, Baden-Baden.

Horky, T. (2018): Das Medienereignis Fußball WM, verfügbar unter https://www.bpb. de/internationales/europa/russland/270672/medienereignis-fussball-wm, abgerufen am 18.10.2020.

Huber, F. & Matthes, I. (2007): Sponsoringwirkung auf Einstellung und Kaufabsicht. Theoretische Grundlagen und Ergebnisse einer empirischen Studie, in: Marketing ZFP, 29. Jg., Nr. 2, S. 90–104.

IEM (2020): https://www.intelextrememasters.com/, aufgerufen am 03.02.2021.

Kräusche, H. (2019): Gemeinnützigkeit: Hamburgs Etappensieg erzeugt Diskussion l eSport. verfügbar unter: https://www.kicker.de/750023/artikel, abgerufen am 07.10.2020.

Liebe, Kai (2020): LoL Worlds 2020 – Alle Infos, Streams und mehr, verfügbar unter https://www.esports.com/de/lol-worlds-2020-alle-infos-streams-und-mehr-127758, abgerufen am 06.02.2021.

Longley, N. (2016): An Absence of Competition. The Sustained Competitive Advantage of the Monopoly Sports Leagues, NY.

Müller, D. C. (1997): First-mover advantages and path dependence. https://doi.org/10.1016/ S0167-7187(97)00013-1; Verfügbar unter: yhttps://www.sciencedirect.com/science/art icle/pii/S0167718797000131, abgerufen am 15.1.2020.

Newzoo (2020a): Umsatz im eSports-Markt weltweit in den Jahren 2018 und 2019 und Prognose für 2020 und 2023 (in Millionen US-Dollar). Zitiert nach statista. Verfügbar unter: https://de.statista.com/statistik2daten/studie/677986/umfrage/prognose-zum-umsatz-im-esports-markt-weltweit/, abgerufen am 08.01.2021.

Newzoo (2020b): Newzoo global Esports market Report 2020 – Light version, verfügbar unter https://newzoo.com/insights/trend-reports/newzoo-global-esports-market-report-2020-light-version/, abgerufen am 05.02.2021.

Nielsen Sports (2018): Angestrebte Ziele des Sports-Sponsorings in Deutschland, Österreich und der Schweiz im Jahr 2017. Zitiert nach statista, https://de.statista.com/statistik/daten/ studie/431349/umfrage/ziele-des-sport-sponsorings-in-deutschland-oesterreich-und-der-schweiz/, abgerufen am 03.12.2020, abgerufen am 04.01.2020.

Nufer, G. & Bühler, A. (2013): Sponsoring im Sport. In: Nufer, G. & Bühler, A. (Hrsg.). Marketing im Sport, Berlin.

PwC (2018): E-Sport ist attraktiv für Sponsoren, verfügbar unter: https://www.pwc.de/de/ technologie-medien-und-telekommunikation/digital-trend-outlook-2018-esport/sponso ring-im-esport-markt.html, abgerufen am 06.02.2021.

PwC (2020): eSport ist der Schlüssel zur Generation Z, verfügbar unter: https://www.pwc.de/ de/pressemitteilungen/2020/digital-trend-outlook-2020-esports-von-pwc-esport-ist-der-schlussel-zur-generation-z-unternehmen-eroffnen-sich-neue-chancen.html, abgerufen am 09.01.2021.

Rennhak, C. & Nufer, G. (2008): Sponsoring. In: Häberle, S.G. (Hrsg.): Das Lexikon der Betriebswirtschaftslehre, München u. a., S. 1168–1170.

Salzig, C. (2016): Was ist Big Data? Eine Definition mit fünf V, verfügbar unter: https:// www.unbelievable-machine.com/was-ist-big-data-eine-definition-mit-funf-v/, abgerufen am 12.11.2020.

Schnell, M. & Rietkerk, R. (2018): The future of the EU LC, verfügbar unter: https://eu.lol esports.com/en/future-of-the-eulcs, abgerufen am 01.11.2020.

Scholz. C. (2018): Die Generation-Z, verfügbar unter https://die-generation-z.de/, abgerufen am 27.01.2021.

Schüssler, T. (2020): Künstliche Intelligenz, Die Zukunft der Gaming Branche? verfügbar unter: https://captn.de/2020/06/17/kuenstliche-intelligenz-die-zukunft-der-gamingbra nche/, abgerufen am 28.1.2021.

Shah, S. (2018): Inside AI, 7 Mythen der künstlichen Intelligenz, verfügbar unter: https://cmo.adobe.com/de/articles/2018/10/kunstliche-intelligenz-zwischen-hype-mythos-und-zukunftsvision-.html#gs.rep39zm, abgerufen am 18.12.2020.

Thinkwithgoogle (2019): Wie Zalando mithilfe von A/B-Tests die Wirksamkeit ihrer Werbeaktivitäten misst, verfügbar unter: https://www.thinkwithgoogle.com/intl/de-de/ marketing-strategien/daten-und-messung/wie-zalando-mithilfe-von-ab-tests-die-wirksa mkeit-ihrer-werbeaktivitaeten-misst/, abgerufen am 27.1.2021.

UKE (2018): Macht das Spielen von Gewaltspielen aggressiv?, verfügbar unter https://www.uke.de/allgemein/presse/pressemitteilungen/detailseite_52992.html#, abgerufen am 06.02.2021.

Walzel, S.; Schubert, M. (2018): Sportsponsoring. Grundlagen, Konzeption und Wirkungen, Berlin.

WARC (2020): Weltweites Sponsoringvolumen im Sport bis 2020. Zitiert nach statista. https://de.statista.com/statistik/studie/id/11802/dokument/sportsponsoring-statista-dossier/WARC2020, abgerufen am 12.12.2020.

Weiler, A. (2020): Warum SAP in Gaming und E-Sports investiert, verfügbar unter: https://www.cio.de/a/warum-sap-in-gaming-und-esports-investiert,3337091, abgerufen am 27.1.2021.

Witt, F .(2020): „Die Bedeutung von Sportsimulationen im eSport wird von Sponsoren überschätzt", verfügbar unter: https://www.sponsors.de/news/sportmix/die-bedeut ung-von-sportsimulationen-im-esport-wird-von-sponsoren-ueberschaetzt, abgerufen am 05.02.2022.

Printed in the United States
by Baker & Taylor Publisher Services